一生受用的苏格拉底

做人
做事
生活

智慧

国立成功大学校长黄煌辉推荐序

一本值得深度阅读的好书

我利用元旦假期阅读《一生受用的苏格拉底做人、做事、生活智慧》感觉受用良多。毕竟现今的社会环境中，指引人生思维、健全身心的专书论述愈来愈少，大多充斥着许多博取版面、娱乐耳目的书刊，以及堆积无数的垃圾知识，导致社会大众局限于快速、利益的行为活动中，对于周遭的事物无法以深入、客观、豁达的眼光、思维处理，因而造成各种肤浅文化的累积。

作者能以教化的心情撰写本书，对于社会人心的启发，具有深层、正面的奉献，但愿诸位能从本书中汲取其中一、二真意，即已达到作者用心的期待。

有鉴于此，本人很荣幸并且乐意推荐本书。

“我只知道一件事，就是我一无所知。”——苏格拉底 Socrates

苏格拉底小传

苏格拉底（Socrates 公元前四六九年 ～ 前三九九年）是希腊著名哲学家以及教育学家。他与释迦牟尼、耶稣基督、孔子并列为“世界四圣”。他不但是西方哲学之祖，并有“西方孔子”之称。他与学生柏拉图及亚里士多德并称“希腊三贤”。

依据记载，苏格拉底出生贫寒，父亲是雕刻师，母亲为助产士。早年继承父业，从事雕刻石像的工作，后来研究哲学。他喜欢讲学论道，热衷和青年人沟通心灵的世界。

他是西洋哲学史上第一位认真研究人类应如何生活议题的人，曾说：“未经检讨反省的生命，是没有生存价值的生命。”许多有钱人家和穷人家的子弟常常聚集在他周围，向他请教，苏格拉底却谦虚地说：“我只知道自己一无所知。”

希腊街头哲学家

他在雅典时，常和当时的智者辩论哲学问题，主要是关于伦理道德以及教育政治方面的问题，他被公认是有智慧的人。苏格拉底的一生大部分在户外度过。最喜欢在市场、运动场、街头等公众场合与人谈论各式各样的问题，如战争、政治、友谊、艺术，伦理道德等等。

身为雅典公民，他曾三次参军作战。此外，苏格拉底还曾在雅典公民大会中担任陪审官。他不断探索真理，因为善于辞令，常常把那些自认为知识渊博的浅薄之辈驳得目瞪口呆，因此享有很高的声望。

苏格拉底小档案

国　籍	古希腊
英译名	Socrates
出生年代	公元前 469 ～ 公元前 399
出生地	雅典
职　业	哲学家、教育家
主要成就	苏格拉底、柏拉图、亚里士多德并称“希腊三贤”为西方哲学的奠基者

为人处世以谦逊自持

凯勒丰是苏格拉底的好朋友。有一天，他特地跑到特尔斐神庙，向神请教一个问题：“世上到底还有谁比苏格拉底更聪明？”神谕：“没有谁比苏格拉底更聪明。”凯勒丰高兴地向苏格拉底展示神谕，可是他从苏格拉底脸上看到的却是茫然和不安。苏格拉底显然不认为他是最聪明、最有智慧的人。

于是，苏格拉底决心去寻找一位智慧声望超过他的人，以反证神谕不成立。

他首先找到一位政治家。政治家以知识渊博自居，和苏格拉底侃侃而谈。苏格拉底从中看清了政治家自以为是、其实却是无知的虚假面孔。他想，这个人其实所知有限，却自认无所不知，而我却明白自己的无知，看来我似乎比他聪明一点。

苏格拉底还不满足，依旧继续着他的求证。他找到了一位诗人，发现诗人以能吟诗作词而沾沾自喜、目空一切，这也不足可取。

接下来，苏格拉底又向一位工匠讨教，想不到工匠竟重蹈诗人的覆辙。因一技在手，便自以为无所不能，这种狂妄的态度反而消弭了他的智慧。最终，苏格拉底悟出了神谕：神说苏格拉底最有智慧，其实是以此警醒世人——你们之中，唯有苏格拉底这样的人最有智慧，因为他自知其无知。

自喻牛虻，时时警醒希腊

苏格拉底把自己比作一只牛虻，是神赐给雅典的礼物。神把他赐给雅典的目的，是要用这只牛虻来刺激这个国家。

因为雅典好像一匹骏马，但由于肥大懒惰变得迟钝，所以很需要有一只牛虻紧紧地叮着它，随时随地督促，使它能从昏睡中惊醒。苏格拉底把批评雅典看作是神所赋予的神圣使命，这种使命感和由此而来的思考探索，便成为他生活与哲学实践的宗旨。他知道自己这样做会让许多人十分恼怒，一心一意要踩死这只牛虻，但苏格拉底相信神给自己的使命不可违，故而多次不惜触犯当朝权贵。

公元前三九九年苏格拉底被保守派贵族以煽动青年、侮辱雅典神的罪名当众受审并判处死刑。按照当时雅典的法律规定，所有被判有罪的人都可以请求宽恕。但是苏格拉底认为交付赎金以求免于一死，实际上是承认自己有罪，犹如苟且偷生，当然他不愿意这样做。

不论在受审期间或是下狱之后，苏格拉底均拒绝了朋友和学生要他乞求赦免和逃亡的建议，他决定为了维护雅典民主制度所制定的法律献身、殉道。

得罪权贵被处死刑

苏格拉底被处死前，朋友悲伤地说：“我亲爱的苏格拉底，我是多么不希望你被如此不公正的处死啊！”苏格拉底平静地说：“朋友，难道你希望看到我被公

正的处死吗？”他坦然地对朋友们告别：“时间到了，我们各走各的路，是活在这个世上好？还是死了好？只有神知道答案。”

有一位弟子劝他在临死前换下那件破旧的长袍，他坚持不肯，坦然地表示：“我生前即穿着这件破旧的衣服，难道穿着它，死后就不能见上帝吗？”最终饮下毒堇汁而死苏格拉底的最后遗言是：“我还欠阿斯克勒斯一只鸡，记得替我还给他。”

弟子柏拉图传承理想

苏格拉底无论是生前还是死后，都拥有一大批狂热的崇拜者、和一大批激烈的反对者。他一生没留下任何著作，但是其哲学思想却对欧洲的思想产生了巨大且深远的影响。苏格拉底的行为和学说，主要是透过他的学生柏拉图和色诺芬的著作记载流传下来。

柏拉图是苏格拉底的学生，年少时开始跟随苏格拉底学习，是苏格拉底的忠实信徒和亲密朋友。公元前三九九年，苏格拉底被诬告并处死，株连到柏拉图，因此被迫离开雅典流亡国外达十二年之久。

他逃离雅典后游历了许多地方，如文明古国埃及、北非的希腊殖民地昔勒尼、意大利岛南部的城市塔林敦、西西里岛的城邦叙拉古等。在叙拉古由于与该城邦的城主政治理念不同，因而触怒了城主，被卖为奴隶，幸遇朋友相助将他赎出，才终于回到雅典，那时他已四十岁。终其一生，柏拉图提出了比苏格拉底更为完整的教育理论。

苏格拉底智慧精华语录

关于朋友

♣ 不要靠馈赠来获得一个朋友。你必需贡献你的热忱，学习如何用正当的方法来赢得一个人的心。

♣ 告诉我你的朋友，我就知道你是什么样的人。

关于做人

♣ 我只知道一件事，就是我一无所知。

♣ 谦逊是埋藏在土中甜美的根，所有崇高的美德由此发芽滋长。

♣ 许多赛跑的失败，都是失败在最后的几步。跑“应跑的路”已经不容易，“跑到尽头”当然更困难。

♣ 好习惯是一个人在社交场合中所能穿着的最佳服饰。

♣ 知道得越多，愈发现自己的不足。

♣ 最有希望的成功者，并不是才干出众的人，而是那些善于利用每一时机去发掘开拓的人。

♣ 当你发怒的时候，最好紧闭你的嘴，免得增加怒气。

♣ 美德才是女人真正的饰物，不是华服。

♣ 纵使富有的人以其财富自傲，但在他还不知道如何使用他的财富以前，别去夸奖他。

♣ 我像一只猎犬般，不停地追寻着真理的足迹。

关于做事

♣ 知足是天赋的财富，奢侈是人为的贫穷。

♣ 患难与困苦是磨练人格的最高学府。

♣ 当许多人在一条路上徘徊不前时，他们不得不让开一条大路，让那些珍惜时间的人赶到他们的前面去。

♣ 想左右天下的人，须先左右自己。

♣ 如果我们把每个人的不幸堆一堆由大家均分，大多数人都甘愿接受自己原来的那一份，然后欣然离去。

♣ 世界上最快乐的事，莫过于为理想而奋斗。

♣ 逆境是人类获得知识的必经之路，难题是人们取得智慧之门。

♣ 最优秀的人是能够胜任自己工作的人。因此，精于农耕的便是好农夫；精通医术的便是良医；精通政治的便是卓越政治家。

♣ 人可以犯错，但是不要犯同一个错误。

♣ 一个人是否能有成就，只看他是否具备自尊心与自信心两个条件。

关于生活

♣ 最少的期盼，才能拥有最大的幸福。

♣ 在死亡的门前，我们要思量的不是生命的空虚，而是它的重要性。

♣ 我们需要的越少，我们越近似上帝。

♣ 男人活着全靠健忘，女人活着全靠牢记。

♣ 每一株玫瑰都有刺，正如每一个人的性格中，都有你不能容忍的部分。

♣ 每个人身上都有太阳，主要是如何让它发光。

♣ 好的婚姻给你带来幸福，不好的婚姻则使你成为一位哲学家。

♣ 我到处走动，不为别的，只是要求你们，不分老少，不要只顾你们的肉体，而要保护你们的灵魂。

关于教育

♣ 教育不是灌输，而是点燃火焰。

♣ 问题是接生婆，它能帮助新思想的诞生。

♣ 教育是把我们的内心勾引出来的工具和方法。

♣ 最有效的教育方法不是告诉人们答案，而是向他们提问。

♣ 真正高明的人，就是能够借助别人的智慧，来使自己不受蒙蔽的人。

♣ 天资聪明的人，如果透过教育学会了如何做人，就能成为最优秀、最有用的人；反之，如果没有受到良好的教育，那么他们就会成为足以危害社会的人。

卷二 做事篇

目录

卷一 做人篇

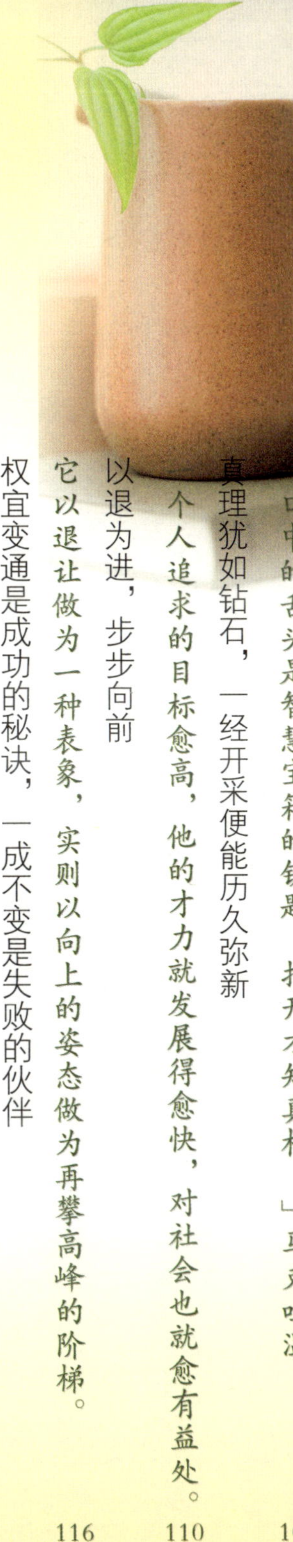

卷三 生活篇

Socrates

卷一

做人篇

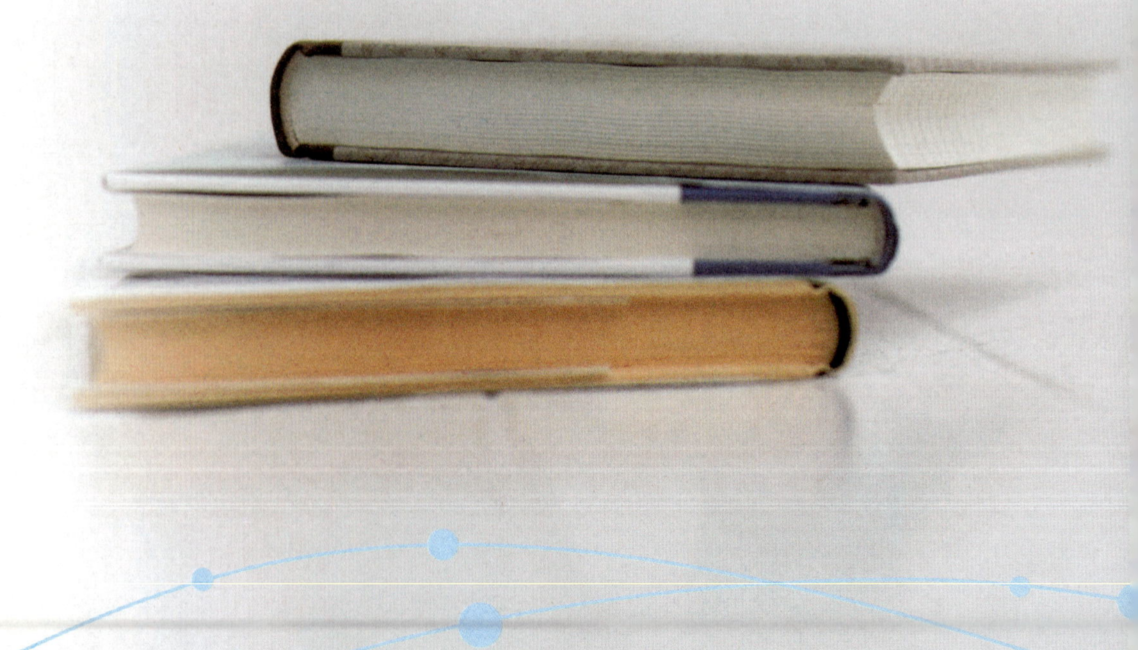

如何做人？做一个什么样的人？这是一门艺术、一门学问。很多人一辈子都没有弄明白。

一个人不管多聪明，多能干，背景条件有多好，如果不懂得如何做人，很难想象他能够超越自己、攀登高峰。

路是脚走出来的，历史是人写出来的，你的每一步都在书写自己的历史。

失败的人找借口，成功的人找方法，
上帝总是把机会留给已经做好准备的人。

此时此刻，就是生命中的黄金时光

——生命究竟有多长？那是一张远期支票，时间到了才知能否兑现。只有「现在」、「此刻」是你手中握有、可以自由运用的现金。

苏格拉底和拉克苏相约，到很远很远的地方去游览一座大山。据说那里风景如画，人们到了那里，会产生一种飘飘欲仙的感觉。

许多年以后，两人相遇了。他们都发现，那座山实在太遥远了，即使走一辈子，也不可能到达那个令人神往的地方。

拉克苏颓丧地说："我用尽力气奔跑过来，结果什么都不能看到，真太叫人伤心了。"苏格拉底掸了掸长袍上的灰尘说："这一路上有许多美妙的风景，难道你都没有注意到？"

拉克苏一脸的尴尬神色："我只顾朝着遥远的目标奔跑，哪有心思欣赏沿途的风景啊！"

"那真是太遗憾了。"苏格拉底说："当我们追求一个遥远的目标时，切莫忘记，沿途处处有美景！"

修行者的生活

有一个施主问一位禅师："修行人平常是如何生活的？"

禅师很平淡地答说："也没什么，只不过吃饭睡觉而已。"

这位施主非常惊讶禅师竟然会这样回答，所以就不以为然地反驳道："一般俗人每天也是吃饭睡觉而已，那修行跟俗人有什么差别？"禅师莞尔一笑，摇摇头说："并非如此，修行人吃饭的时候就是吃饭，睡觉的时候就是睡觉。而一般人该吃饭的时候，不好好吃饭，心里却想东想西；该睡觉的时候，不好好睡觉，总是万般烦恼。"

用心体验生命的美好

有一位徒弟在深山里跟随师父修行，有一天他问师父："什么叫做活在当下啊？"师父不语，拿了碗水给他，让他到后山转一圈再带着水回来。

于是徒弟小心翼翼地端着水出去了，为了不让水洒出来，他的眼睛牢牢地紧盯着那碗水，终于一滴都没有洒地回到师父面前。师父问："你看到后山风景了吗？"徒弟揉了揉酸痛的眼睛，僵硬的四肢，他其实并未注意周遭的一切。

于是再次端着那碗水出发，徒弟心想："师父究竟用意为何呢？"想着想着他开始抬起头放眼看后山的风景、山峦、绿树、翠竹，越被眼前的美景所吸引，甚至感受到了微风吹拂在脸上的温柔，感受到了脚底树叶的沙沙声，以及林间小鸟的歌声，好美啊！

回到师父面前的徒弟，满心欢喜迫不及待地想跟师父分享刚才的感受，师父只淡淡地问："那碗水呢？"

徒弟低头，发现空碗一个，水一滴也不见了。

现在即是永远

于是师父再次在碗里放满水，指了指后山的路，徒弟再次出发了。

这一次，徒弟没有再多想师父究竟要什么，只是静静地端着水，他看到了水中自己的眼睛，自己的脸……越来越多的东西出现了；在水里，出现了蓝天、山峦、翠竹的影子；偶然间抬起头，不但听见小鸟的歌声，甚至听见了碗和水随着他的脚步移动而发出的细微声音；徒弟慢慢地走着，风、云、山、雾、落叶、溪水、碗，碗里的水、自己的脚步、呼吸、心跳都交织成一幅美妙风景。

所有的律动和谐而完美，如同一场优美的舞蹈，当徒弟以轻快的脚步回到师父面前时，他的内心对这份美妙的体验感动不已。

他开心地告诉师父："水一滴也没有洒，沿途风景的美亦没错过，还有我感受到了我自己……"师父笑了笑："你已经找到答案了？"徒弟点点头。

断崖边上的风景

有一个人在森林中漫游的时候，突然遇见了一只饥饿的老虎，老虎大吼一声就扑了上来。他立刻用尽生平最大的力气和最快的速度逃开，但是老虎紧追不舍，他拼命向前奔跑，最后被老虎逼入了断崖边。

站在悬崖边上，他心想："与其被老虎捉到，活活被咬、肢解，还不如跳入悬崖，说不定还有一线生机。"

于是他纵身跳入悬崖，非常幸运的卡在一棵树上，那是长在断崖边的梅树，树上结满了梅子。正在庆幸的时候，他听到断崖深处传来巨大的吼声，往崖底望去，原来有一只凶猛的狮子正抬头看着他，狮子的声音使他心颤， 但转念一想："狮子与老虎是相同的猛兽，无论被哪一个吃掉，都是一样的。"

正当他放下心，又听见了一阵声音，仔细一看：一黑一白的两只老鼠，正用力地咬着梅树的树干。

他先是一阵惊慌，又转念一想："与其被老鼠咬断树干跌死，总比被狮子咬死好。"于是他的心情渐趋平复，又感到肚子有点饿，看到梅子就采了一些吃起来。

吃完梅子充饥后，又历经了方才的惊恐，让他感到疲倦不已，不知不觉便趴在树干上沉沉睡去。

活在当下，享受当下

过了好一会儿，当他睡醒之后，发现黑白老鼠不见了；老虎、狮子也不见了。于是他顺着树枝，小心翼翼地攀上悬崖，终于脱离险境。

原来就在他睡着的时候，饥饿的老虎按捺不住大吼一声，跳下悬崖。黑白老鼠听到老虎的吼声，惊慌逃走了。跳下悬崖的老虎与崖下的狮子展开激烈的打斗，双双负伤逃走。

这个寓言故事告诉我们，从我们诞生那一刻开始，苦难就像饥饿的老虎一直追赶着我们；死亡，就像一头凶猛的狮子，一直在悬崖的尽头等待，白天和黑夜的交替，就像黑白老鼠，不停地正用力咬着我们暂时栖身的生活之树。总有一天我们会落入狮子的口中。

既然知道了生命中最坏的情景是死亡，唯一的路，就是安然地享受树上甜美的果子，享受崖边上的风景，如此人生依旧美好。

心灵之窗

常听人家说要“活在当下”。到底什么叫做“当下”？当下指的就是：你现在正在做的事、待的地方和周围跟你在一起的人；“活在当下”就是要把注意的焦点集中在这些人、事、物上面。

你说：“这有什么难的，我们不是一直都这样吗？”其实不然。大部分的人怀着下列心态度过一生：

最初，我期待长大；

随后，我巴不得赶快进入社会，免得一天到晚担心被老师骂；

接着，我想结婚、想有小孩；

再来，我又巴望着小孩快点长大，好让我不必一天到晚做牛做马；

之后，我每天想着退休，总想着届时将可以每天睡到自然醒；

现在，我真的快死了；

忽然间，我突然明白；

我忘了，真正去活。

人们常犯的毛病是，总是把目光焦点关注于未来，总想着要一步跨越现在，而直接进入未来。往往忽略了其实“未来的秘密就是现在”，如果你能专注于现在，才能期待未来会更好。

既然如此，何不忘记未来吧！快乐就在当下，学习活在当下，只要过好每一天，你所一心期待的幸福，就有机会从现在一直延伸到未来。

读后语

人生智慧果

明天先到？还是无常先到？何不活在当下，有的事你若不想做，会找到一个借口；你若想做，会找到一个方法。

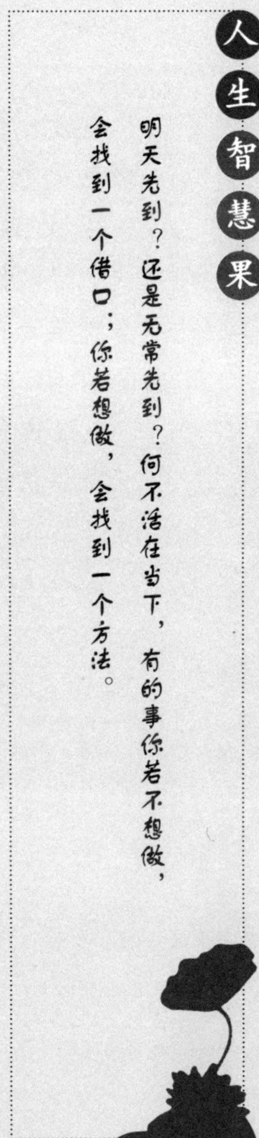

富贵交朋友，患难见知己

——成功可以招引朋友，挫败可以考验朋友。

希腊哲学家苏格拉底在雅典盖了一间住屋。

有一位朋友去参观时，觉得屋子很小，就问：

“以你这么有名望的人，为什么不建一间适合身份的屋子？”

这位哲学家回答：“如果这样狭小的屋子能够挤满真正的朋友，我就满意了。”

马克思与恩格斯

马克思和恩格斯的友情是人类友谊的典范。从一八四二年马克思和恩格斯第一次会晤起，长达四十年期间，他们在领导国际共产主义运动的伟大斗争中，团结作战，患难与共，建立了真挚的情谊。

由于革命斗争缘故，他们曾身处两地近二十年，但彼此之间的关系不仅没有因此而疏远，反而联系越来越密切。他们几乎每天都要通信，交谈各种政治事件和科学理论问题，共同指导着各国的无产阶级革命运动。

马克思不仅十分钦佩恩格斯的渊博学识和高尚人格，而且对恩格斯的健康状态也很关心。有一段时间，恩格斯生病，马克思挂念不已，他在给恩格斯的信中说：“我关切你的身体健康，如同自己患病一样，也许还要更关心一些。”

四十年友谊弥坚

恩格斯为了“保存最优秀的思想家”在经济上资助贫困的马克思，使其能专心致力于革命理论的研究，他违背自己本来的意愿，到父亲经营的公司中去从事那“鬼商业”的工作。

当《资本论》第一卷付印的时候，马克思给恩格斯写信说：“之所以能够如此，我只有感谢你！没有你为我的牺牲，我绝不可能完成三卷书的巨大工程。我以满怀感激的心情拥抱你。”

恩格斯尽管做出许多付出，但他始终认为，能够同马克思并肩战斗四十年，是一生中最大的幸福。

死亡阴影下的小勇士

那是发生在越南的一个孤儿院里的故事，由于飞机的狂轰滥炸，一颗炸弹被扔进了这个孤儿院，几个孩子和一位工作人员被炸死。还有几个孩子受了伤。其中有一个小女孩流了许多血，伤得很重！

幸运的是，不久后一个医疗小组来到这里，小组只有两个人，一个女医生，一个女护士。

女医生很快地进行了急救，因为小女孩流了很多血，需要输血，但是她们带来的医疗用品中没有可供使用的血浆。于是医生决定就地取材，她给在场的所有的人验了血，终于发现有几个孩子的血型和这个小女孩是一样的。可是，问题又出现了，因为那个医生和护士都只会说一点点的越南语和英语，而在场孤儿院的工作人员和孩子们只听得懂越南语。

于是，女医生尽量用自己会的越南语，加上一大堆的手势告诉那几个孩子，“你们的朋友伤得很重，她需要血，需要你们给她输血！”终于，孩子们点了点头，好像听懂了，但眼里却藏着一丝恐惧！

孩子，为什么哭泣

孩子们没有人吭声，没有人举手表示自己愿意献血！女医生没有料到会是这样的结局！一下子愣住了，为什么他们不肯捐血来救自己的朋友呢？难道刚才对他们说的话他们没有听懂吗？

忽然，一只小手慢慢的举了起来，但是刚刚举到一半却又放下了，好一会儿又举了起来，再也没有放下了！

医生很高兴，马上把那个小男孩带到临时的手术室，让他躺在床上。小男孩僵直着躺在床上，看着针管慢慢地插入自己细小的胳膊，看着自己的血液一点一滴地被抽走！眼泪不知不觉的就顺着脸颊流了下来。医生紧张地问是不是针管弄疼了他，他摇了摇头。但是眼泪还是没有止住。医生开始有一点慌了，因为她总觉得有什么地方肯定弄错了，但是到底问题出在哪里呢？针管是不可能弄伤这个孩子的呀！

关键时刻一个越南的护士赶到了这个孤儿院。女医生把情况告诉了越南护士。越南护士忙低下身子，和床上的孩子交谈了一下，不久后孩子竟然破涕为笑。

我最要好的朋友

原来，那些孩子都误解了女医生的话，以为她要抽光一个人的血去救那个小女孩。一想到不久以后就要死了，所以小男孩才哭了出来！医生终于明白为什么刚才没有人自愿出来献血了！但是她又有一件事不明白了，“既然以为捐过血之后就要死了，为什么他还自愿出来献血呢？”医生问越南护士。

于是越南护士用越南语问了一下小男孩，这一次小男孩答得很快，不加思索就说了。他的答案很简单，只有几个字，但却感动了在场所有的人。

他说：“因为她是我最好的朋友！”

心灵之窗

所谓朋友不是送你鲜花的那个人，是愿意真心陪伴你可以一起哭、一起笑的那个人。

朋友不是你门上的那把锁，是为你永远打开的那扇窗。

朋友不是天天赞美你的那个人，而是指出缺点让你进步的那个人。

朋友是彼此的牵挂，彼此的思念，彼此的关心，彼此的依靠。友谊有时也是一种淡淡的回忆、淡淡的品茗、淡淡的共鸣。

风雨见真情

港星钟镇涛由于投资失利，积欠大笔债务，只得向香港政府申请破产保护，一度生活潦倒，日子如同从云端跌落谷底。当他终于挨过这段艰辛的日子，于一次访谈中，他提及生命中最难忘的雪中送炭，钟镇涛语带哽咽地说："有很多时候觉得日子再也过不下去，幸而周遭的朋友不断地给予支持及鼓励才能坚持下去。"

提及这段过往，他沉默半响后缓缓地说道："有一次，梁朝伟到我家来，他只是坐在那里默默地陪伴我，并且告诉我：'你想说就说，如果不想说，那我就陪着你吧！”钟镇涛的妻子在一旁笑着接着补充：“有好几次，我一早起来就看见两个大男人喝了酒后，横躺在沙发上东倒西歪地睡着。”

当走过这段生命中的幽谷，最令钟镇涛感念在心的，是来自好友贴心的陪伴与关怀。

千金易得，知己难求

伯牙与钟子期是曲高和寡、知音难求的典范。

伯牙是春秋时期的著名乐曲家，以琴艺闻名。但由于曲高和寡，真正能听懂他的琴音奥妙者却少之又少。有一次，伯牙碰见一个叫钟子期的人，发现他是一个知音人。当伯牙为子期弹奏一曲《高山》，子期就赞叹：“多么巍峨的高山啊！”伯牙又弹奏一曲《流水》，子期就称赞：“多么浩荡的江水啊！”

伯牙喜遇知音，二人于是结拜为生死之交。后来伯牙按照约定到子期家去拜访，但发现子期已因病去世。伯牙悲痛欲绝，便到子期墓前再为他演奏一曲，然后毁琴于子期墓前，自此终生不再弹琴。

在伯牙心目中，今生唯一知己已飘然远去，空有乐音，却无知音，弹琴又有何用？

人的一生中，拥有的朋友可以分成许多种，例如有“酒肉朋友”、“商场朋友”、“同窗朋友”、“患难之交”、“男女朋友”、“萍水相逢朋友”等，其中以“患难之交”最为可遇不可求。此时此刻，何妨细数在你的朋友中，真正属于“患难之交”的朋友究竟有几个?

如果在浩瀚的人生中，你拥有这样的朋友，那么恭喜你！也请你对这些始终陪伴在身旁，甘苦相伴的知心朋友说一声：

我要谢谢你，让我不孤单。

我要谢谢你，让我无聊寂寞时有人可以说说话。

我要谢谢你，当我心情激动难过时有人安慰我。

我要谢谢你，当我有好东西时有人可以分享。

我要谢谢你，当我绝望时依旧不孤独。

我要谢谢你，当我软弱时有你陪伴。

我要谢谢你，当我哭泣时你为我打气。

我要谢谢你，一路走来有你真好。

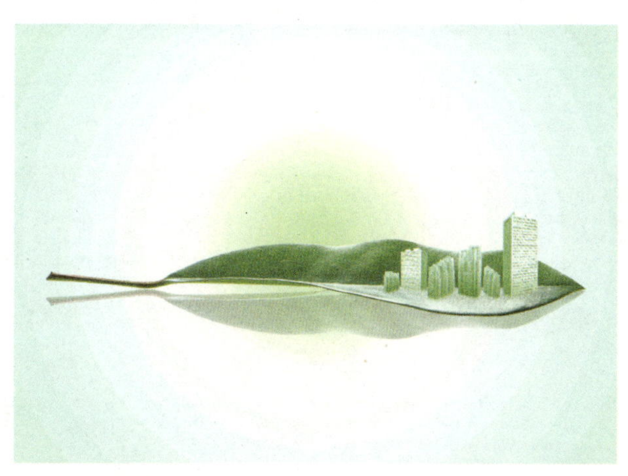

读后语

所谓真正的朋友

♣患难相扶持，不离不弃。

♣使你能接纳你自己，让你能安心地做一个真正的「你」。

♣能够倾听，不仅是听你外在的话语，也能了解你内心的声音。

♣是能将你内心中原有的最佳特质引发出来的人。

♣愿意忠言逆耳，指出你的缺失。

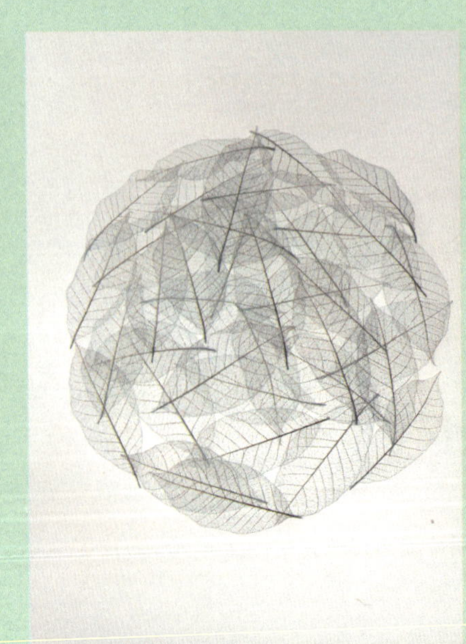

人生智慧果

虚伪的友谊就像是你的影子，当你在阳光下时，它就紧紧地跟着；但当你横越阴暗处时，它就立刻离开你。

使用金钱的方式，决定一个人的尊严与高度

——如果你懂得使用，金钱是一个好奴仆，如果你不懂得使用，它就变成你的主人。

农夫和赌徒走进同一家餐馆，每人挑一张桌子坐下来。

赌徒点了一桌菜，要了一瓶酒和一笼包子。他把一瓶酒喝光了，包子只吃了两个，满满一桌菜，有的竟连动也不动。

赌徒的肚子撑得像个大西瓜，他把几张百元钞票往服务生的盘子里一放，起身就走。

服务生叫住他："先生，请稍候，还要找你十元呢！"

赌徒豪气地说："不用找了。就算你的小费吧！"

另一个农夫点了一菜一汤一碗米饭。菜吃光了、汤喝光了，最后剩下一点米饭，他又把它倒进菜盘里，只见盘子里的油被蘸得干干净净。

当他把最后一粒米送进嘴里，农夫叫道："小姐，两分钱您还没找我呢。"

苏格拉底和他的学生把一切都看在眼里。

学生说："这个农夫太小气了。瞧，那位先生多大方！"

苏格拉底说："农夫的钱里有血汗，至于赌徒的钱里有什么？"

用血汗赚来的钱

做铁匠的父亲，含辛茹苦地赚钱养家。可是儿子不争气，花起钱来毫无节制。父亲终于忍不住将儿子逐出家门，要他去尝尝赚钱的辛苦。

母亲心疼儿子，偷偷塞给儿子一把铜板。儿子在外面逛了一天，晚上，他把铜板交给父亲："爸，这是我赚的钱。"父亲把铜板拿在手上掂了掂，生气地说："这钱不是你赚的！"说着就丢进了熔炉。

儿子无奈，只好来到农场里。当他流着汗辛苦工作一天后，农场主人给了他一个铜板。儿子兴冲冲地回到家里，把铜板交给了父亲，没想到父亲这次看都不看，又丢进了熔炉！儿子立即暴跳如雷，一边吼叫着一边竟向红通通的熔炉扑去！父亲一把按住他。良久，他露出一脸神秘的笑容："孩子，你终于知道心疼这些钱了，我相信这钱是你赚的。"

金钱的真正价值，常常不在于它本身的面值，而是取决于它背后的艰辛，因为你付出过，所以它才显得更珍贵。

二十美元的价值

一位父亲下班回家很晚了，又累又烦，他发现八岁的儿子站在门口等他。

"我可以问你一个问题吗？""什么问题？"

"爸，你一小时能赚多少钱？""这与你无关，你为什么要问这个问题？"父亲生气地问。

“我只是想知道，请告诉我，你一小时赚多少钱？”小孩哀求。“假如你一定要知道的话，我一小时赚二十美元。”“喔。”小孩低下了头，接着又说：“爸，可以借我十美元吗？”父亲发怒了：“如果你只是要借钱去买玩具的话，那就给我回房间上床，好好想想为什么你会这么自私，我每天长时间辛苦工作，没时间和你玩小孩子的游戏。”

小孩安静地回自己房间关上门。

父亲坐下来还在生气。过了一会儿，他平静下来，想着他可能对孩子太凶了，或许孩子真的很想买一些东西，再说他平时很少要过钱。

父亲走进小孩的房间：“你睡了吗？孩子。”

“爸，还没，我还醒着。”小孩回答。“我刚刚可能对你太凶了”父亲说：“我不该发脾气，这是你要的十美元。”

“爸，谢谢你。”只见孩子高兴地从枕头下拿出一些被弄皱的钞票，慢慢地数。

“为什么你已经有钱了还要？”父亲生气的问。

“因为在这之前不够，但我现在足够了。”小孩说：“爸，我现在有二十美元了，我可以向你买一个小时的时间吗？明天学校有家长会，很希望你能参加。”

心灵之窗

有一阵子，两位女性的新闻占据版面，一位是帝宝贵妇陆胜文，她在镜头前展示造价超过百万的名牌皮草大衣；另一位则是卖菜阿嬷陈树菊，她用每天凌晨即起辛苦卖菜所得的积蓄一千万元，默默地捐出、默默地行善。这两个天差地别的故事，代表不同的生命价值与人生风景，值得所有人细细品味思量。

镜头前的陆胜文大方展示她所拥有的皮草大衣、包包，每个动辄造价数十万元～百万元，还有足以让小市民瞠目结舌的帝宝豪宅装潢与陈设，从客厅、书房、卧室到衣帽间，每一个小摆设都是用白花花的银子所堆砌而成。

树菊嬷的不凡身影

反观卖菜阿嬷陈树菊，当年在花样年华之际，只为了父亲一句：“你如果嫁人了，那我们这个家该怎么办？”于是顾家的她从此一肩扛起家计，每日凌晨即起，在菜市场的小小方寸之地，用大好的青春岁月以及逐渐佝偻的身躯，换来了全家的温饱与幸福。

当亲爱的家人都到达幸福的彼岸后，她再度将辛苦卖菜所得，前后捐出一千万元帮助育幼院及协助母校兴建图书馆。

镜头前的陈树菊家里，连一张椅子都没有，访客只能坐在装菜的篓子上谈话。这种住所与帝宝的豪宅可说天壤之别。然而陈树菊以她的始终如一信念："钱，要给需要的人才有用。"价值观，把她的每一分钱价值创造至极限，一举超越镶金戴玉的富人，荣登《富比士》善心榜与《时代杂志》全球百大人物。

原本以树菊嬷低调的个性，不愿意赴美领奖，经县长百般劝说，她才勉为其难展开生平第一次的出国之旅。为了让树菊嬷住得舒服，有关单位安排了灯光美、气氛佳的一流五星旅馆入住。不过，后来发现她根本未曾享用饭店宽敞柔软的大床，而宁愿睡在地板上，理由是：很多年来，为了怕睡过头而错过批菜、卖菜时间，因此宁愿睡地板。

"都这么多年了，早就习惯了！"在美国领完奖，树菊嬷一心一意急着赶回她的小菜摊，继续每天赚着蝇头小利、日复一日默默行善助人。

如何使用决定金钱的核心价值

有钱不是罪恶，努力赚钱更是资本主义社会的核心动力，但放任资本主义发展的结果，"炫富"成为一种时尚，在忙碌的金钱追逐游戏中，人性的基本价值被彻底扭曲与否定。

有钱并不代表就有尊严。如何看待金钱的价值，以及使用金钱的方式，往往更能决定一个人的尊严与高度。

人生智慧果

既会赚钱，又会花钱者，是最幸福的人，因为他享受两种快乐。

财富的价值

- ♣贪婪是最真实的贫穷，满足是最真实的财富。
- ♣财富就像盐水，越喝越渴。
- ♣人不能把金钱带入坟墓，但金钱却可以把人送入坟墓。
- ♣钱，可以带来食物，但不能带来食欲。

「需要」的不多，「想要」的太多

——人在世界上，「想要」总是胜过「需要」非常多。只有看清自己「想要」与「需要」的人，才能活得快乐、活得自在。

苏格拉底有一天早上带着学生去逛市集。当走了一整个早上，他们却两手空空地回来，苏格拉底告诉学生们说："我们今天很有收获、大有所得！"

学生们不解地说："老师，您带我们去市集逛了一整个早上，什么都没有买，两手空空地回来，怎么说是大有所得呢？"

苏格拉底说："如果我们今天早上不到市集去走一趟，我们怎么会知道：原来在这个世界上，我们所不需要的东西竟然有这么多！"

亚历山大的三个遗愿

亚历山大是一位伟大的国王。当他征服了许多王国，在胜利返回的途中却病倒了。此刻，占领的土地，强大的军队，锋利的宝剑和所有的财富，对他来说都毫无意义，他明白死神很快会降临，他已无法回到家园。他对将士们说道："我不久将离开这个世界，我有三个遗愿，请你们按我所说的去执行。"将士们含着泪答应了。

"第一个遗愿是，我的棺材必须由我的医师独自运回去。"亚历山大喘了口气，接着说道："第二，当我的棺材运往坟墓时，通向墓园的道路要撒满我宝库里的金子、银子和宝石。"亚历山大休息了片刻后继续说："最后一个遗愿是把我的双手放在棺材外面。"聚集在他身边的人都很好奇，但没人敢问为什么。

这时亚历山大最信任的将军吻了吻他的手说："陛下，我们一定会按您的吩咐去做，但您能告诉我们为什么要这么做吗？"

亚历山大深深吸了一口气说道："我想要世人明白我所学到的三个教训。我让医师载运我的棺材，是要人们意识到医生不可能完全治疗人们的任何疾病。面对死亡，他们也无能为力。希望人们能够懂得珍惜生命。

第二个遗愿是告诉人们不要像我一样追求金钱。我花费了一生时间去追求财富，但很多时候却在浪费时间。

第三个遗愿是，希望人们明白我是空着双手来到这个世界，而且我也即将空着手离开这个世界。"说完他缓缓地闭上了眼睛。

心灵之窗

人的一生不论食衣住行均脱离不了“需要”与“想要”范畴，大抵而言“需要”是来自于身体，至于“想要”则来自于欲望。

当你口渴时，你需要喝水；当你肚子饿时，你需要食物；天气冷了，要多穿保暖衣服；为了遮风避雨，人人需要有个温暖的窝。但是如果你已吃饱，又还想要甜点，甜点很好吃，再多吃一点，这个“想要”就是“欲望”；市场摊贩销售一件二九九元的T恤，你根本看不上眼，一件动辄万元的名牌衣，才足以显示个人不凡的身份与地位，这是“欲望”。

忙忙碌碌追逐“想要”

大多数情况下，人们“想要”的，总是超过“需要”。

很多人终其一生难以区别“想要”、“需要”、“该要”、“能要”、“最重要”，总是寻寻觅觅，却不知道自己忙忙碌碌一辈子，究竟是所为何来？到最后脸上写满风霜，内心无限惆怅。

“需要”非常简单而且很少，你需要什么？食物、阳光、空气、水、需要房子住、需要休息睡觉，这些基本自然的需求，都是简单的东西，“需要”十分有限，“需要”很容易满足。

但是“想要”却是无穷尽。

随着人的成长，进入五花十色的社会，在相互较劲的心理下，不知不觉间胃口也变得愈来愈大。没钱想要有钱，有钱后想要更多钱；当租房子的时候，心想若是能有一栋自己的窝，那该有多好！好不容易千辛万苦终于买了房子，却赫然发现，若能再拥有一间别墅，生活岂不更加美好！

在职场上，“想要”也千变万化，当员工时就想当老板，当职员就想当经理；当经理就想当总经理……想东想西，想升官、想发财、想地位、想名气，在忙忙碌碌中，不知不觉生命中的美好岁月已过了一大半。

人类的疯狂源自于欲望

何不试着去区别什么是想要？什么是需要？需要一只手表、需要一个手提包、需要一间房子、一张床，可以睡好觉并不是欲望。欲望是什么？一只显示身份地位的百万名表？一个号称“纯”鳄鱼皮的数十万名牌包？一栋每坪造价上百万的豪宅？在名与利的追逐中，往往使得人们必须在别人钦羡的目光中，才能建立自我存在的价值。

“欲望”的本质其实很复杂，当它驾驭你，会使你总是想要更多不需要的东西。

人类所有的疯狂都是因为欲望，而不是因为需要。

想要和需要仅仅一线之隔

有些东西是你真正需要，可是有些东西看起来好像需要，但如果你仔细想过，却不是绝对必要的。那些不必要的，就是造成痛苦的原因。所以，当你想要一样东西之前，不妨先想一想你是真正的需要吗？

想要和需要仅仅是一线之隔，有时候想要的，往往不是真的需要。的确，我想要很多东西，可是再仔细考虑一下，就不见得非要不可了。

欲望取舍，人们需要的不多，想要的太多。如果你能勇敢地拒绝成为欲望的奴隶，当甩开欲望的沉重包袱后，也许你终将发现，生命何其自由自在。

人生智慧果

需要是一种必要，想要的则是欲望；需要与想要的区别，叫做「价值观」

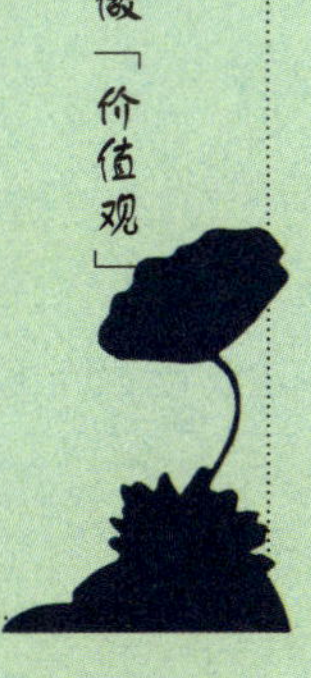

如何分辨需要与想要

- ♣鞋子坏了，「需要」一双新鞋。
- ♣肚子饿了，「需要」吃饭。
- ♣房子旧了，「需要」修理。
- ♣衣服破了，「需要」缝补。
- ♣手机式样过时，「想要」买新的。
- ♣吃完晚餐，「想要」吃甜点。
- ♣公寓老旧，「想要」住豪宅。
- ♣衣服太少，「想要」再多一件。

实时努力，未来是从「现在」开始

——人生苦短，但若虚度年华，就会感到太长了。你所拥有的时间是世上一切成就的土壤，它让空想者痛苦，令创造者幸福。

学生们问哲学家苏格拉底：“人生是什么？”

苏格拉底把他们带到一片苹果树林，要求大家从树林的这头走到那头，每人挑选一个自己认为最大最好的苹果。

不许走回头路，不许选择两次。

在穿过苹果林的过程中，学生们认真细腻地挑选自己认为最好的苹果。

等大家来到苹果林的另一端，苏格拉底已经在那里等候他们了。

他笑着问学生：“你们挑到了自己最满意的苹果了吗？”

大家你看我，我看你，都没有回答。

苏格拉底见状，又问：“怎么啦，难道你们对自己的选择不满意？”

“老师，让我们再选择一次吧。”一个学生请求说：“我刚走进果林时，就发现了一个很大很好的苹果，但我还想找一个更大更好的。当我走到果林尽头时，才发现第一次看到的那个，就是最大最好的。”

另一个接着说：“我和他恰好相反。我走进果林不久，就摘下一个我认为最大最好的苹果，可是后来我又发现了更好的。所以，我有点后悔。”

“老师，让我们再选择一次吧！”其他学生也不约而同地请求。

苏格拉底笑了笑，语重心长地说：“孩子们，这就是人生——人生就是一次无法重复的选择。”

大鼓的不平之鸣

深山里，有一座香火鼎盛的庙宇，门外有一面大鼓。有一天，趁着寺庙内没有人，大鼓滚到了大佛面前，它气呼呼地开口说话："大佛，你不觉得这个世界很不公平吗？为什么大家看到你就虔诚的顶礼膜拜，而看到我就只是槌我、敲我、打我呢？……"

听完了大鼓喋喋不休的抱怨，大佛笑一笑回答说："大鼓啊，你不用羡慕我，你要想想在我接受膜拜之前，我身上忍受了多少的'雕刻'啊。"

人生逆境就像雕刻一样，我们想要成为"大佛"，就必需耐得住环境对我们的磨练，才能屹立不摇。

巴士会不会迟到？

有名业务员准备到隔壁的小镇拜访客户，若生意谈成，将能大赚一笔。

他计算时间，必须在下午两点前到达邻镇，参考巴士时刻表后，决定搭乘一点的班车。就快一点了，巴士却还没进站，业务员焦急地走来走去、四处张望。

身旁有一位老人，坐在长椅上悠闲地看报纸，注意到业务员焦急的模样，便安慰他："别担心，我固定搭这班巴士二十年了，巴士一向很准时。"

业务员冷冷看了老人一眼，没有说话。

果然，巴士进站后，在一点整准时开动。老人恰巧与业务员比邻而坐，发现他不停看着手表，又说:“别担心，这班车经过的地方都是田野乡村，绝不会塞车。”

业务员没有说话。不料巴士才行驶半小时，突然停了下来。

业务员破口大骂:“这班巴士走走停停，万一我迟到了，他们该怎么赔偿我？”

老人将头探出窗外，接着笑嘻嘻地对业务员说：“别担心，有一头乳牛挡住了公路，你放松心情看看风景，一会儿就开动了。”

几分钟过去，巴士又继续行驶。

珍惜每一个当下的美好

最后，巴士在两点准时到达，业务员也没有迟到。但一路的焦虑不安，不但让他错失沿途美景，也让自己疲惫不堪，精神不济，和客户的生意也因此没有谈成。

忙碌的现代社会，人人都在与时间赛跑，仿佛一天二十四小时都不够用，每天在匆忙的脚步中也变得情绪焦躁不安。

然而，有多少人想过，这一切都需要付出代价？焦虑、压力，让人与人之间的关系紧绷，彼此情感平淡冷漠。

学习放慢脚步，欣赏人生旅途中的美丽风景吧！你会发现自己更能从容不迫地面对人生的考验，往后的道路也能走得更快，脚步更稳。

心灵之窗

一夜有多长？一眨眼的工夫。

一辈子有多长？也是一眨眼的工夫。

人生就像孩子手中的铅笔，看起来好像够长，可是用起来不知不觉就嫌短了。既然人生如此短暂，要怎么看待如此短暂却又珍贵一生呢？

坚守本分的老僧

古时候，有一位参学僧来到一处大寺院，里面至少有一千人以上的僧众。为了供应众人的伙食，所以设有一座大寮。大寮就是厨房，由一位老师父负责里面所有的事务。这所寺院里的老师父年事已高，但仍十分勤劳；厨房内的大小事务，都是由他一人打点。

有一天，有人买来许多海带。由于海带十分湿滑，他必须趁着阳光很强时拿出来晒，才不会发霉。那位参学僧看到驼背、瘦弱的老僧独自一人在烈日下晒海带，感到十分于心不忍！

他走到老僧面前，问："老和尚，您几岁了？" 老和尚说："八十七岁。" 参学僧又问："工作这么多、太阳又这么大，你为什么不叫年轻的僧人帮忙呢？" 老和尚说："别人又不是我。" 参学僧说："那你为什么不等阳光小些再做呢？" 老和尚说："时日已不多了！"

沧海之一粟，渺小如我们，无法让生命停止流逝，可是却可以创造出生命的能量。故事中的老和尚珍惜自己的人生，默默在寺院中谨守着自己的本分。简单的生命，却能活出不一样的光亮。

等待中磋跎人生

人都有一种惰性，以为大把大把的光阴都在手中，于是很多事情总想着等到将来有一天、或是某一段时间再去做，通常等待的结果却是不了了之。

想一想，在等待和磋跎中，曾经错过了什么？

错过了今天一早起来做运动；

弄丢了小学毕业纪念册，无法拼凑出曾经熟悉亲切的面庞；

忘了回电话给同事，星期六的聚餐不克前往；

错过了爸爸生前最后一次要求要去 KTV 唱歌；

忘了今天答应家人要早点回家吃饭；

人生就是这样，宛如一列急疾驶前进的火车，一站又一站，有人上车、有人下车，它却永不回头。

人生是一条无法回头的路

人生宛如树梢的枝叶，反反复覆地交错着，在过程中你是否曾经忘了原本应该被珍惜的？当一再“错过“，才终于学会珍惜，只是有些时候已稍嫌太迟？

每天打个电话给家里的老妈妈，话题即使只是闲谈今天路上看到一只可爱的小狗，也好。

发个短信给久未谋面的老朋友，问候一下近况。

珍惜与家人共处的时光，每天期待可以安静地吃个晚餐。

回想过去，又看看现在。父母的头发已不知不觉斑白、回到大学母校时，老师笑着说已经毕业七年啰！每天下班后和同事道别，相约明天见。

再见，明天见，有缘再见，那么你又在这一生当中看见什么？正如哲人苏格拉底所言，人生是一条无法回头的路。人这一辈子其实做不了几件事，所以想做的事就赶紧去做，并且尽量把它做到最好，这样你才能心安理得地对自己说：“我已不虚此行。”

读后语

人生智慧果

别人拥有的，你不必羡慕，只要努力，你也会拥有；自己拥有的，你不必炫耀，因为别人也在奋斗，也会拥有。

如何活得更精彩

- ♣人生的乐趣在于把「苦」变成乐。
- ♣坦然接受不可控制的事物。
- ♣永不放弃，就没有人能打败你。
- ♣靠自己，不要把希望寄托在别人身在。
- ♣务必记住：所谓「未来」是从现在开始。
- ♣梦想不设限，有梦勇敢去追。

粗坛装美酒，勿以貌取人

——如果你凡事只看外表，那么也可能因此错失许多美好。

苏格拉底年轻时有一头非常漂亮的头发。后来，由于他潜心研究哲学，用脑过度，年纪大后，脑门和后脑勺上的头发都掉光了。

一个有着一头漂亮金发的年轻人揶揄地问他："尊敬的大哲学家，是否头发越少，就意味着学问越多呢？"

苏格拉底说："不一定。不过，如果脑子里面是空的，即使长着一头浓密漂亮的头发，又有什么用？"

一位农夫的祈祷

有一个农夫向上帝祈求说："请不要出大太阳，那样我的农田很容易被晒干，经常要找水，而且必须要用很多水才能灌满田园；请不要下大雨，因为每当下大雨，我所栽种的果树长出来的花果很容易掉落；请不要吹暴风，那些刚播种下去的秧苗得再去重新将其扶起，平白浪费我许多时间和体力。"

上帝听了之后，跟这位农夫说，"可是这些都是必要的啊，因为有大太阳，许多洼地积水不退的地方才会干、大地才会温暖，植物才会生长、活泼有力；有下大雨，高山上的森林才能洗得干净，野地的花草才会得到饱足，才会有源源不断的山泉水从山上流到山下溪流，河川、湖泊才不会干涸，让平地的田园有水可灌溉；有暴风吹，才能吹散许多肮脏的传染病媒，各种花草树木的花粉才可以远播交配，结实累累。这样不好吗？"

这个农夫说："这是很好，可是你若是可以让阳光不要这么强，温温的就好；雨水不要这么多，最好只下在山上森林和河川湖泊地带；风最好是徐徐地吹，让人感觉凉爽，做起工作来也比较舒服。上帝啊，我的祈求只有这样，并不多，我只祈求刚刚好，这不是很好吗？"

外强中干，虚有其表

上帝接受了这个农夫的祈祷。

就这样，农夫开始感觉到太阳不再像过去那样炽热，每天都是春秋季节的和煦阳光；有风，但不大。

农夫觉得上帝真棒，果真垂听了他的祈祷。他每天注意着稻田，结穗的粒子粒粒饱满；他也注意着果园，看见果实长得越来越大，心中的喜悦实在不可言喻。

收成的时候到了，农夫邀约许多亲友协助割稻，但这些协助割稻的亲友们觉得很奇怪，因为看起来粒粒饱满的穗子，其稻株却没有因此弯曲下来，而是直立着。他们割了几把外表亮晶晶的稻穗拿在手里，第一个感觉就是不如以往饱穗的重量，反而是轻轻的。

农夫自己也觉得奇怪，于是当场将手中的稻穗用力剥开，这才发现稻穗只是虚有其表，并没有饱穗，只不过是外壳亮丽罢了。

接着，他又去果园摘了几粒果实，剖开之后却发现果肉并不像过去那样香甜。这样的水果不但价钱无法卖得好，而且客户品尝之后，可能还会嫌弃重量虽够但甜味不足，无法获得顾客的喜爱。

人生的甘甜来自于苦难

这位农夫很懊恼又满头雾水地问上帝，为什么会是这样的结果？于是，上帝告诉这位农夫："若是没有经过日光的曝晒，稻穗不会坚硬；没有大风的吹袭，稻秸无法摇摆，所以稻壳不能紧密封口；若没有经过大雨的打击，稻秸和叶子上的附着物不会掉落，接受日光的面就会减少。想要让稻穗粒粒结实饱满，让果树结出好又甜美的果实，这些都是很重要的条件。你既然一再祈求不要这些，我就照你所想成全了你。"

人生最甘美的东西，都是从苦难中得来的。香料必须经火燃烧，才能发出浓郁的香气；泥土必须耕松，才易于下种；麦子必须磨碎，才能做成甜美面包；一颗破碎的心，最能体会到圆满的喜悦。

以貌取人，自己将失去更多。

粗坛内的美酒

有一天，罗马公主遇到了一位相貌丑陋但博学多才的学者。傲慢的公主当众奚落他：“在相貌丑陋的人的脑袋里，怎么可能有了不起的智慧呢？”

这位学者听了之后，微微一笑对公主说：“想必王宫里一定有很多上等的美酒吧？”

公主得意地点了点头：“那当然。”

大学者又问：“那些美酒装在什么容器里？”

公主毫不犹豫地回答说：“都装在坛子里。”

大学者故作惊讶，惋惜地问：“贵为罗马帝国的公主，为何不以富丽堂皇的金器、银器盛酒，反而以粗陋的坛子装酒呢？”

公主觉得很有道理，便令宫中仆人立刻改用金器、银器来装酒。

数月之后，皇帝举行国宴时突然发现，那些珍藏多年的美酒竟然变得索然无味了。皇帝勃然大怒，下令追查。

公主此刻才恍然大悟，她派人将他找来质问："你为什么让我用金器、银器来装酒呢？"

大学者说："我只是想透过此事让你明白：就像粗陋的坛子有美酒一样，人不可貌相，你又怎能光凭着容器外表的光鲜亮丽，而来论断其真正的内涵呢。"

心灵之窗

不知道你是否也曾有过相同经验：有业务员向你口沫横飞推销用品，但你觉得他世故油条不可信，因此拒绝了他的推销。

不过，换个场景，也是相同产品。这回上门推销的是一位外貌亲和的业务员，他的营销方式既不咄咄逼人且亲切如邻家伯伯，于是你愿意掏钱购买也许并不十分需要的产品。

真正原因也许只是：他看起来不会骗人。

这种“以貌取人”的毛病，即使是贵为“至圣先知”的孔子也难以避免呢！

人不可貌相，海水不可斗量

孔子有许多弟子，其中有一个名叫宰予。他长得相貌堂堂，彬彬有礼，又能言善道。孔子第一次和宰予交谈，就很欣赏这个学生，认为宰予以后一定能够有作为，是个难得的人才。

不过后来宰予渐渐露出本质：既无仁德又十分懒惰；大白天不读书听讲，光躺在床上睡大觉。孔子曾多次劝诫，宰予均不为所动，终于孔子气得忍不住骂他：“朽木不可雕也。”

孔子的另一个弟子复姓澹台，名灭明，字子羽，鲁国人。孔子看他长相愚钝，言行笨拙，心想这个学生大概没有什么出息。不过他自从师事孔子后便致力于修身实践，努力向学。日后子羽游历于江淮之间，在今日的南昌讲学，弟子大约有三百人，享有极高声誉。

孔子听说了这件事，感慨他说："我凭着言辞判断人质量能力的好坏，结果误信了宰予；我凭相貌判断人质量能力的好坏，结果又错看了子羽。"

日后，子羽成为孔子著名的七十二贤弟子之一。直到今日，在南昌仍然每年均有纪念他的仪式。

虚有其表者不堪一击

我们都知道，永远不要以自己的第一印象来论断别人，因为人不可貌相，一眼就想看穿别人，实在非常不可靠。不过据统计，有超过一半的人在初见面的五分钟内，凭着对方的外表与自己的直觉来判断好恶感。

固然，美与丑可以一眼论定，不过一个人的内涵与特质，却宛如细水长流，需要慢慢感受才能了然于心。单凭着第一眼的印象便下断言，日后可能为自己一时的判断留下难以弥补的失误。

橡树是外型美丽的树种，树干高大，枝条盘绕，夏日树叶浓密，冬日有些品种叶片会全部落下，即使是光秃枝干仍留造型之美。因此长期以来，温带地区许多人喜爱种植橡树。

院子里种有一棵大橡树，平日带来不少荫凉。不料在一个无风无雨的夜晚，门外忽然传来一阵巨响，顿时原本挺直的橡树干断裂成两半。第二天，工人前来料理善后，使用电锯切割后，用卡车载走了它。

不少人到原址好奇地观看，原来这株外表英挺的大树，树干中间早被霉菌蛀空，美好的外型徒然虚有其表。

读后语

如何避免做出错误判断

♣避免听信一面之词。

♣不能光凭外表相信人。

♣承诺愈多，查证愈多。

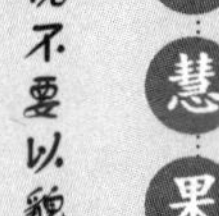

人生智慧果

虽说不要以貌取人，不过人的表情有二：一是呈现在脸上的表情，二是表现在言谈中的表情。

每天一点的学习差距，让你超越自己，超越别人

——求知若渴，虚心若愚

一个青年问苏格拉底："怎样才能获得知识？"

苏格拉底将这个青年带到海里，海水淹没了年轻人，他奋力挣扎才将头探出水面。

苏格拉底问："你在水里最大的愿望是什么？"

"空气，当然是呼吸新鲜空气！"

"对！这就是学习。"

老村长的智慧

有位老村长带领村民日夜兼程，要把盐运送到某地换成大麦过冬。有一天晚上，他们露宿于荒野，夜晚星空灿烂。这时老村长用世代祖先所传下来的方法，取出三粒盐块投入火堆，占卜山间天气的变化。

大家都在等待村长的“天气预报”，若听到火中盐块发出“劈里啪啦”的声响，那就是晴天的预兆。若是毫无反应，那就象征天气即将变坏，风雨随时来临。

只见老村长神情严肃，因为盐块在火中毫无声息，他认为不吉，主张天亮后马上赶路。但族中另一位年轻人，认为“以盐窥天”太迷信，反对匆忙启程。

第二天下午，果然天气骤变，风雨交加，坚持晚走的年轻人这才相信老村长的经验。其实，老村长这样做，是有科学道理的。因为盐块在火中是否发出声音与空气中的湿度有关，当风雨来临时，湿度大，盐块受潮，投入火中自然喑哑无声。反之，盐块就会发出响声。

学乖了的猴子

有一则寓言故事：从前，有一个卖草帽的人，每天他都很努力地卖着帽子。有一天，他叫卖得十分疲惫，刚好路边有一棵大树，他就把帽子放着，坐在树下打起盹来。

等他醒来的时候，发现身边的帽子都不见了，抬头一看，树上有很多猴子，而每只猴子的头上，都有一顶草帽。他想到猴子喜欢模仿人的动作，于是他赶紧把头上的帽子拿下来丢在地上，猴子也学他，将帽子纷纷扔在地上，于是卖帽子的人高高兴兴地捡起帽子回家去了。

回家之后，他将这件奇特的事告诉他的儿子和孙子。经过了很多年后，由他的孙子继承了家业。有一天，他卖帽子累了，也跟爷爷一样，在大树下睡觉，而帽子也同样地被猴子拿去。

孙子想到爷爷曾经告诉他的方法，于是他脱下帽子，丢在地上。可是，奇怪了，猴子竟然没有跟着他做，还瞪着大眼看着他。不久猴王出现了，捡起地上的帽子，飞快地跳上了树干，回头说："开什么玩笑！你以为只有你有爷爷吗？"

对人生而言，学习的经验是一笔不可多得的财富。它是前人用学习和智慧累积起来的宝贵财富，是用金钱买不到的东西。

从错误中学习

一八四五年的一天，瑞士化学家舍恩拜做试验时不小心把盛满硝酸和硫酸的混合液瓶碰倒了。溶液流在桌上，一时找不到抹布，于是他赶紧出去拿来了妻子的一条棉布围裙来抹桌子。

由于围裙浸了溶液，湿淋淋的，舍恩拜旁怕妻子看见后责怪，就到厨房去把围裙烘干。没料到靠近火炉时，只听得"噗"的一声，围裙被烧得干干净净，没有一点烟，也没有一点灰，他大吃一惊。

事后，他仔细回忆经过，顿时万分高兴。他意识到自己已经合成了可以用来做炸药的新化合物。为此，他多次重复了实验，肯定了结果无误，遂将其命名为“火棉”，后人称之为硝化纤维。

舍恩拜的“火棉”，就是日后“无烟火药”的前身，如果不是他一再地尝试错误的结果，这项产品当然无法问市。

数学家欧几里得曾为国王讲学，国王爱学习却又不肯下工夫。有一天国王问他学习的快捷方式，欧几里得回答说他：“在几何数学里，没有专为国王铺设的道路。”

也许你曾有过类似经验：当你年纪还小，总是抱怨为什么我的成绩老是比隔壁的大毛差一截？长大后，每当公司升迁名单公布，又为什么总是轮不到我？为什么别人永远比你强一点？因为人家每天都比你多学一点，就是那么一点一点的差距，却会令你和他人的距离越来越远。

课堂上的知识绝对有用，但“世俗”的人生经验却不会出现在“高雅、文质彬彬”的课堂中。人生最怕失去自信，它可能因此导致工作不顺利、恋爱和生活不如意。研究指出，事业有成的人士中，仅凭专业能力取胜的不超过10%，但经由过来人的经验指导而成功者却占绝大多数。

成功者的智慧是经验与学习的累积，人的一生像是在云雾里摸索前进，无时无刻把握学习的机会，是唯一能使你早日摆脱疑惑，实现梦想的导航灯。

挫折，也是一种学习

润泰集团总裁尹衍梁曾经年少轻狂，一度被关进感化院，出狱后他力图向上。不过命运却一度考验他的决心，接连两次创业失败，让他不仅一口气赔光了父亲资助的千万资金，接下来还要面对的是股东们的责难、同仁们的抱怨，不过他的父亲却没有讲任何一句重话，只淡淡地说："衍梁，恭喜你得到宝贵的失败经验。"

从此，绝口不再提起。

不过，对尹衍梁来说，挫折也是一种学习。他说："挫折不是坏事，对我而言，这一生促使我成长和进步的，全部是挫折。"这位身价千亿的富豪，已经宣布身后将捐出 95％的财富（相当于新台币 950 亿元）成立公益基金会，并发愿百年后奉献个人大体，实现圆满人生。

终生学习的重要

学习到底有多重要？有一次，孔子对伯鱼说："我听说可以让人整天不觉疲倦的，大概就是学习吧！

所以，君子不能不学习！就好比容貌不能不修饰，不修饰就是不礼貌，不礼貌就会失去别人的亲近，失去了别人的亲近就无法让别人对你的忠诚，没有了忠诚也就没有了礼，失去了礼也就不能自立。远远看起来有光彩的，是修饰的结果；走近看起来更加耀眼的，是学习的成效。那种不学无术的人，譬如一个污水池，不仅小水坑的水流到它那里，苇子也长在它那里，即使有人看到它，谁又会去留意它呢？

人生无处不在学习，小婴孩从出生起展开学习之旅，从学坐、学爬行、入学、毕业、就业……无一不是学习。如果形容你一生的成就，相等于个人学习努力的成绩，其实一点也不为过。

那为什么行走于相同的人生大道上，有人成功？有人失败？关键点在于如何掌握运用学习的结果。悲观者，认命地屈服于挫败的打击；至于乐观向上者，则将每一次的失误化作再次奋起的力量、每一次的泪水化作勇气，在痛苦中学习，寻找再次跃起的契机。

如此一来，挫折、打击都将犹如迈向成功的前哨站，因为只有经历过痛苦的学习，才能转化成坚定不挠的前进力量。

正如爱因斯坦所言：“绝不要把你们的学习看成是任务，而是一个令人羡慕的机会。”

读后语

人生智慧果

如果我所见的比笛卡儿远一点，那是因为我站在巨人肩膀上的缘故。

——牛顿

为什么人不能停止学习

♣此刻打盹，你将做梦；此刻学习，你将圆梦。

♣学习，永不嫌晚。

♣愈学习，愈发现自己所知有限。

♣如果不想在世界上虚度一生，那就要学习一辈子。

♣知识照亮前程，学习成就未来。

宽容，一种善待自己的方式

——宽容是一种力量。一颗仁慈宽容的心，能让人显得更加自信与强大。

有一次，苏格拉底涉水过河，一不小心掉进深坑里。

他不会游泳，只好在水中拼命挣扎，一边大喊着："救命啊！"

这时有一个人正在河边钓鱼。他听到苏格拉底的求救声，不但没有去救他，反而收起钓鱼竿起身离开。

幸好这时候苏格拉底的学生及时赶到，才把老师从河里救了起来。

回去后，大家赶紧帮苏格拉底弄干，让他把湿衣服换掉。

大伙都在骂那个见死不救的钓鱼人，认为他太坏了。

有一天，苏格拉底和他的学生在河边散步的时候，听到有人掉到水里的呼救声，就飞步跑了过去，用一根长长的竹竿把那人救了上来。

等那人被救上来后，发现他竟是之前那个见死不救的钓鱼人。苏格拉底的学生很后悔，生气地说："早知道落水的人是他，我们无论如何都不会救他的！"

苏格拉底为落水人换掉湿衣服，平静地说："不，我们要救他。这正是我们和他的区别。"

李斯特的一场临时音乐会

弗朗茨·李斯特出生于匈牙利的一个小村庄，是欧洲最伟大的钢琴演奏家，经常奔波在欧洲各地演出，他为人斯文有礼、待人谦恭，大家都喜欢他。

有个少女要开音乐会，在海报上说自己是李斯特的学生。演出前一天，李斯特出现在姑娘面前。姑娘惊恐万状，哭泣地说，之所以假冒是出于生计，并请求宽恕。

李斯特要她把演奏的曲子弹给他听，并加以指点，最后爽快地说："大胆地上台演奏吧，你现在已是我的学生。你可以向剧场经理宣布，晚会最后一个节目，由老师为学生演奏。"

李斯特在音乐会上弹了最后一曲。

老禅师的长袍

佛典中记载了这样一个故事：有位老禅师住在深山中。一日他很晚才踏着月光回家，到家时发现有个小偷正在光顾他家。老禅师初见之时感到有些生气，想跳起来将小偷抓住，但佛法的教诲让他放弃了这个念头。

只见老禅师脱下身上的长袍，静静地候在门外，等小偷出来之时，老禅师对小偷说："你大老远来探望，可是我实在太穷，没什么可让你拿的，就把这件长袍送你吧。"说着便将长袍塞在小偷手里。小偷有些惊慌，紧张地抓着长袍跑了。

老禅师看着小偷远去的背影，又看看头上的明月，叹了口气：“但愿我能将这轮明月送给他。”

第二天一早，当老禅师打开门时，发现他的长袍整整齐齐地放在门口，老禅师很欣慰自己选择了宽容。

心灵之窗

宽容，是一种豁达、一种大度，它蕴含了做人的谦虚和真诚，以及对他人的包容与尊重。

战国时，楚王宴请臣下。当灯火忽然熄灭之际，一名醉酒的将军拉扯了楚王妃子的衣服，妃子扯下将军的帽缨，要求楚王追查。楚王为保住将军的面子，下令所有的人一律在黑暗中扯掉自己的帽缨，然后才重新点灯，继续宴会。日后这位被原谅的将军出生入死为楚国征战沙场。

春秋战国时，蔺相如对廉颇傲慢无礼的宽容忍让，最终感化廉颇负荆请罪，留下千古美谈，使赵国虽小而无人敢犯。

宽容、让步，共创双赢

宽容也是一种力量。一颗仁慈宽容的心，能让人显得更加自信与强大。

有人对林肯总统对待政敌的态度颇有微词：“你为什么要试图让他们成为朋友呢？你应该想办法去打击、消灭他们才对。”“我难道不是在消灭政敌吗？当他们成为我的朋友时，政敌就不存在了。”林肯总统温和地说。

两方争斗会造成两败俱伤；若是两人相让，则两人皆有所得。让步不一定吃亏，从礼让中，才能创造和谐双赢。忍让一下，看似吃亏，实际就是占便宜。

有一则故事：一天，阎罗王对两个小鬼说："你们两个可以到人间投胎去做人了，现在我手里有两个名额，一个呢，一生都要忙着给别人东西；一个呢，一生都从别人那里拿东西，你们愿意做哪一个啊？"

小鬼甲抢先跪下来说："阎王老爷，我要做那个一生从别人那儿拿东西的人。"小鬼乙只能让步，选择了一生都要给予的那一个。

这时只见阎罗王不罗嗦立刻宣判："下令小鬼甲投胎到人间做乞丐，到处向别人要东西吃；小鬼乙投胎到富裕有德的人家，时常布施周济穷人。"

子贡问道于孔子

"让步"与"宽容"，从字面来看仿佛是吃亏的一方，意味着必需宽恕与原谅别人加诸在自己身上不公的事情，而这种信念，似乎也与大家所熟知的"进取"、"舍我其谁"社会价值相背离。

实际上，从深一层的意义来看；往往"让步"意味着进取；至于"宽容"则能使自己拥有更开阔的天空。

孔子的学生子贡曾问孔子："老师，有没有一个字，可以作为终生奉行的原则呢？"孔子说："那大概就是'恕'吧。""恕"用今天的话来讲，就是宽容。

为别人，也为自己留余地

三国时期的蜀国，在诸葛亮去世后任用蒋琬主持朝政。他的属下有个叫杨戏的，性格孤僻，拙于言语。蒋琬与他说话，他也是只应不答。有人看不惯，在蒋琬面前嘀咕说："杨戏这人对您如此怠慢，太不像话了！"蒋琬坦然一笑说："让杨戏当面说我的好话，那可不是他的本性；让他当着众人的面说我的不是，又会让我下不了台。所以，他只好不做声了。其实，这正是他为人的可贵之处。"后来，有人称蒋琬"宰相肚里能撑船"。

不论友情、爱情或是亲情，人际间的相处要多包容，少排斥，给对方多留空间，自然可减少冲突摩擦的发生。在大自然的世界里，树木因为承受风吹雨打，所以浓荫密布，众鸟栖息；海水因为纳百川，所以宽广深邃，水族群集。一颗宽容的心，不仅能为别人留余地，也能为自己争取更多回旋空间，使烦恼远离，世界更开阔，何乐而不为呢？

读后语

愈斤斤计较，反失去愈多

- ♣害怕吃亏而处处设防
- ♣赢得一时小利，失去长久友谊
- ♣不给别人余地，自己也将无立锥之地

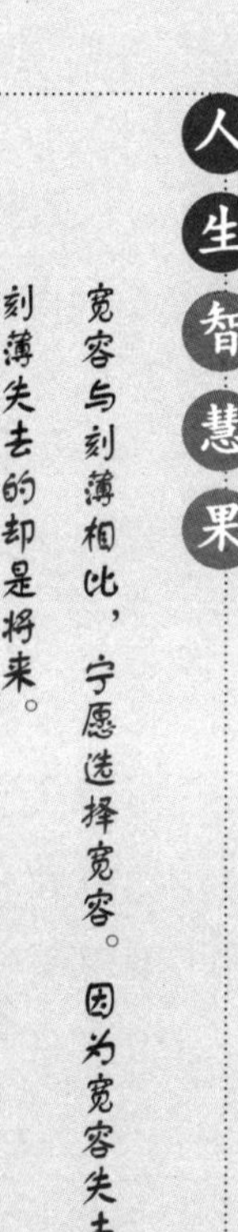

宽容与刻薄相比，宁愿选择宽容。因为宽容失去的只是过去，刻薄失去的却是将来。

好修养，是一个人的第二个身份

——所谓的好修养常以不同的面相及风貌出现，一个人的心里在想些什么？别人无从得知。不过，你是否具备良好修养？却会在言行、举止、待人接物，甚至生气时的各种态度上，毫不保留地流露出真正的内在。

苏格拉底是古时候希腊一位很有学问的人，由于他的主张跟当时人的主张不一样，所以有很多人不喜欢他。

有一天，他正和老朋友沙笛亚在雅典城里散步，忽然有一个不知名的青年偷偷地在背后用棍子打了他一下。沙笛亚看见了，立刻回头要找那个青年算账，但是苏格拉底一把拉住他，像没发生什么事情似的走了。沙笛亚觉得很奇怪，就问苏格拉底："难道你怕事吗？"

"不，我一点也不。"

"那么为什么人家打你，你不还手呢？"

苏格拉底笑了笑说："老朋友，你也糊涂了。难道说一匹驴踢了你一脚，你也要还一脚吗？"

林肯的第二张脸

美国前总统林肯的脸长得很难看，但是他不仅不避讳，有时候还会以此自嘲。有一年，林肯跟史蒂芬生·道格拉斯一起竞选总统，在进行辩论的时候，道格拉斯指责林肯是个两面人，有两张脸孔。林肯听了之后，他指着自己那张相当平凡，而且不怎么好看的脸，不慌不忙地回答说："如果我有两张脸孔的话，你想我还会情愿戴这一副吗？"

人总是会去寻求自己喜欢的事物，每个人的看法观点不同，这并没有什么关系，重要的是彼此之间，应该有互相包容和尊重对方看法的雅量。

人与人偶有摩擦，往往都是缺乏雅量的缘故；因此，为了增进和谐，为人处世必需具备良好修养品格。

艾森豪威尔将军的风度

艾森豪威尔将军曾有个参谋，经常与他意见相左，看法迥异。有一天，这位参谋决定请辞。

艾森豪威尔问他："为什么突然要走呢？"参谋老实地回答："我和你常意见冲突，你大概不喜欢我，与其等着被你开除，还不如我另谋出路算了。"

艾森豪威尔听后很惊讶，说："你怎么会有这种想法？如果我有个跟我意见一模一样的参谋，那么我们两人当中，不就有一个人是多出来了的吗！那还有什么意义呢？”最后，艾森豪威尔把参谋给劝留下来。

此外，曾有一位少尉飞行员对身为长官的艾森豪威尔大吼大叫，艾森豪威尔却面带微笑地走开了，事后这位小少尉感到难堪不已。艾森豪威尔的好修养让他赢得人心，成为美国历史上受人爱戴的总统。

心灵之窗

修养是一个人的第二个身份。

据统计，促成一个人成功的因素，专业知识只占15％，另外85％是来自于他的修养、人际关系、处世能力、应变能力等。

在生活中时常可见的情景是，在上下班的交通尖峰时间，每个人都心急地想争取时间赶往目的地。于是总会在某个交叉或转弯路口发生汽车擦撞事件。这时只见车门大声地“砰！”一声，两个气冲冲的驾驶跳下车来，开始一场马拉松式的争吵，而愈排愈长的车阵，也有愈来愈多感到不耐烦的驾驶，纷纷此起彼伏地大声按着喇叭，一声接一声的刺耳“叭！叭！”声响，使得现场气氛更加火爆，唯独两个怒气冲天的当事人，却依旧丝毫没有退让的意思。

最后只好等到交通警察出面开立罚单，而车子则遭拖吊。互不相让的结果是两败俱伤。

文明就是要造就有修养的人

林肯有一次谴责一位老是和同事争论不休的年轻军官说：“一个要做大事的人为什么老是把时间浪费在没有意义的争吵上？这好比碰到一只恶狗，让路总比被狗咬一口好啊！”

所谓的好修养常以不同的面相及风貌出现，一个人的心里在想些什么，别人无从得知。不过，你是否具备良好修养，却会在言行、举止、待人接物，甚至生气时的各种态度上，毫不保留地流露出真正的内在。

苏格拉底的太太非常凶悍，有一次，她大发脾气，把苏格拉底大骂一顿后，仍旧余怒未息，就提了一大桶水，浇在她先生头上。只见苏格拉底不疾不徐拍了拍淋湿的头发说道：“雷声以后必有大雨。”

好修养是表达善意的一种方式

英国首相丘吉尔在出席一次质询会议时，有位强悍的女议员指着丘吉尔破口大骂：“如果我是你太太，我一定会在你的咖啡里下毒！”此时全场肃然，大家都担心丘吉尔将如何应对。

这时丘吉尔不慌不忙的缓缓答道：“如果你是我太太，我一定将此咖啡一饮而尽。”这时原本气愤不已的女议员一时语塞、沉默不语。

良好的修养通常也是表达善意的一种方式，它能巧妙地化解双方对立不安的局面；能够舒缓紧张情势，适时提供一个回旋空间。正如作家冰心所说：“当修养的花在寂静中默默绽放，成功的果子便要在光明里结实。”

读后语

人生智慧果

与其说是别人让你痛苦，不如说自己的修养不够。如果你不给自己烦恼，别人也永远不可能给你烦恼。

如何避免与人发生冲突

- ♣不在气愤时随便乱说话。
- ♣记住事缓则圆的道理。
- ♣在提出反对意见之前，先说它值得肯定之处。
- ♣勿逼人太甚，留给别人下台阶。
- ♣以心体心，从对方的角度看事情。
- ♣就事论事，不做人身攻击。

先相信自己，然后别人才会相信你

——去做你害怕的事，害怕自然就会消逝。一颗热忱的心，能把事情做得更好，只要放手去做，一切都有可能。

古希腊的大哲学家苏格拉底在风烛残年之际，知道自己时日不多，就想考验一下他那位平时看来很不错的助手。他把助手叫到床前，说："我的时间不多了，必需找下一根蜡烛继续点下去，你明白我的意思吗？"

"明白。"助手连忙说："当然，老师您的理念必需好好传承下去……"

"可是……"苏格拉底缓缓地接着说："我需要一位优秀的传承者，他不但要有智慧，还必需具备信心和勇气，你能帮我找到这个人吗？"

"我一定竭尽全力。"苏格拉底听完后，笑了笑不再多说什么。

于是那位忠诚而勤奋的助手，不辞辛劳地四处寻找。当他花费许多时间却依旧无功而返时，满怀歉意地来到苏格拉底病榻前："老师，真对不起让你失望了。"苏格拉底硬撑着坐起来说："失望的是我，对不起的却是你自己。"

苏格拉底失意地闭上眼睛，停顿了许久，才又说："本来最优秀的人，就是你自己，只是你不敢相信自己。其实，不论是谁都有他的潜在能力，差别就在于是否了解自己以及如何发掘自己。"

没有鱼鳔的鲨鱼

有一个年轻人，因为家贫书读不多，于是他到城里想找一份工作。可是他发现城里的人都看不起他，因为他既没有学历、又没有文凭。就在他决定要离开那座城市时，忽然想给当时很有名的银行家罗斯写一封信。

他在信里抱怨命运对他不公，因此如果您能借一点钱给我，我会先去上学，然后再找一份好工作。信寄出去了，他一直抱着希望在旅馆里静静等待。几天过去了，当他用尽身上的最后一毛钱，决定把行李打包好准备回家。

就在这时，柜台说有一封银行家罗斯给他的信。可是，罗斯并没有对他的遭遇表示同情，而是在信里给他讲了一个故事。

罗斯说在浩瀚的海洋里有很多鱼，那些鱼都有鱼鳔，但是唯独鲨鱼没有鱼鳔。没有鱼鳔的鲨鱼照理来说是不可能活下去的，因为它行动极为不便，很容易沉入水底，在海洋深处只要一停下来就有可能丧生。

为了生存，鲨鱼只能不停地运动。

很多年后，鲨鱼拥有了强健的体魄，成为同类中最凶猛的鱼。最后，罗斯说，这个城市就是一个浩瀚的海洋，拥有文凭的人很多，但成功的人很少。你现在就是一条没有鱼鳔的鱼。

那晚，他躺在床上久久不能入睡，反复地想着罗斯的信。突然，他改变了决定。第二天，他跟旅馆的老板说，只要给一碗饭吃，他可以留下来当服务员，一毛工资都不要。旅馆老板不相信世上有这么便宜的劳动力，很高兴地留下了他。

十年后，他拥有了令所有美国人羡慕的财富，并娶了银行家罗斯的女儿，他就是石油大王哈特·史提夫。

哈特·史提夫说："在别人都不看好自己的情况下看好自己，是成功的不二法门。"

有时阻止我们前进的并非外在因素，而是自己的内在——缺乏自信心。

当我们愿意面对"自己的起跑点比别人落后"的时候，它就只是一个事实，而不是一个借口。唯有认清自己的不完美，才能更加努力，日后才能跳得比别人高。

事实上，一个人拥有的资源究竟是深厚还是短浅，与日后的成就不能划上等号。相反地，若只是一味自怨自艾不如人而驻足不前，才是真正让人无法成功的致命伤。

飞翔在空中的黑气球

美国著名心理医生基恩博士常跟病人讲起小时候他的一段刻骨铭心经历一天，几个白人小孩正在公园里玩，这时一位卖气球的老人推着货车进了公园。白人小孩一窝蜂地跑过去，每人买一个，兴高采烈地追逐着飞翔在空中的美丽气球。

这时在公园的一个角落里，静静地坐着一个黑人小孩，他羡慕地看着白人小孩在嬉笑，他不敢过去和他们一起玩，因为自卑。

当白人小孩的身影消失后，他才怯生生地走到老人的货车旁，用略带恳求的语气问道："您可以卖一个气球给我吗？"老人用慈祥的目光打量了一下他，温和地说："当然可以，你要一个什么颜色的？"

小孩鼓起勇气回答说："我要一个黑色的。"脸上写满沧桑的老人惊讶地看了看小孩，旋即给了他一个黑色的气球。

小孩开心地拿过气球，小手一松，黑气球在微风中冉冉升起，在蓝天白云的衬托下形成了一道特别的情景。

老人一边眯眼睛看着气球上升，一边用手轻轻地拍了拍小孩的后脑勺说："记住，气球能不能升起，不是因为客观存在的颜色、形状，而是气球内充满了空气；一个人的成败不是因为种族、出身，关键是你的心中有没有自信。"

那个黑人小孩便是基恩。

心灵之窗

如果连自己都信不过自己，别人如何能相信你?

自信的人永远相信自己。爱迪生曾经尝试用一千二百种不同的材料做白炽灯泡的灯丝，都没有成功。

有人批评他："你已经失败了一千二百次了。"可是爱迪生不这么认为，他充满自信地说："我的成功就在于发现了一千二百种材料不适合做灯丝。"

很多人在意别人的目光，在意别人的评价，其实希望别人看得起，不如自己看得起。

石油大王洛克菲勒曾说过："即使拿走我现在的一切，只留下我的信念，我依然能在十年之内又夺回它们。"

虽然这只是一个假设，但我们可以发现信念对于一个人的重要。它隐藏在我们的内心深处，只要善于运用，就能成为一股取之不尽的力量源泉。

信心能创造出奇迹

法国名画家纪雷有一天参加一个宴会，宴会上有个身材矮小的人走到他面前，向他深深一鞠躬，请求他收为徒弟。

纪雷朝那人看了一眼，发现他是个缺了两只手臂的残废人，就婉转地拒绝他并说："我想你画画恐怕不太方便吧？"

可是那个人并不在意，立刻说："不，我虽然没有手，但是还有两只脚。"说着，便请主人拿来纸和笔，坐在地上用脚指头夹着笔画了起来。他虽然用脚画画，但是画得很好，可见下过一番苦功。在场的客人，包括纪雷在内，都被他的精神所感动。纪雷决定收他为徒。

这个矮个子自从拜纪雷为师之后，更加用心学习，没几年的工夫便名闻天下，他就是有名的无臂画家杜兹纳。

没有手竟然能成为画家，岂不是很不可思议吗？任何人只要有排除万难的毅力和信心，你就能创造奇迹，做到别人所做不到的事情。

创业者的一次勇气实验

有一家创业者顾问公司做了一个很有趣的实验：

它从一群创业者中召集了十个志愿者，首先让这十个人穿过一间很黑暗的房子。在主持人的引导下，这十个人都成功地穿了过去。

然后，主持人打开房内的一盏灯。在昏黄的灯光下，当志愿者看清了房内的一切，都吓出了一身冷汗。这间房子的地面是一个大水池，水池里有十几条大鳄鱼，水池上方搭着一座窄窄的小木桥，刚才他们就是从小木桥上走过去的。

主持人问："现在，你们当中还有谁愿意再次穿过这间房子呢？"

这是一张牢固的网吗？

没有人回答。过了很久，有三个胆大的站出来。

其中一个小心翼翼地走了过去，速度比第一次慢了许多；另一个颤抖地踏上小木桥，走到一半时，竟然趴在小桥上爬了过去；第三个刚走几步就一下子趴下了，再也不敢向前移动半步。

主持人又打开房内的另外九盏灯，灯光把房里照得如同白天。这时志愿者都看见小木桥下方装有一张安全网，只是由于网线颜色极浅，他们根本没有看见。

"现在，谁愿意通过这座小木桥呢？"主持人问道。

这次有五个人站出来。

"你们为什么不愿意呢？"主持人问剩下的两个人。

"这张网安全牢固吗？"这两个人异口同声地反问。

每个人的生命中都存在着困难和挑战，有人屈服于恐惧，也有人克服它。

告诉自己，我可以

每一次当觉得自己缺乏自信心时，不妨对自己说：“我可以。”看到别人完成了某件事，对自己说：“我可以做得比他更好。”平日做好充分的准备，拥有一颗乐观向上的决心，是成功的必要条件。

从前有两个和尚，一个很有钱，每天过着舒舒服服的日子；另一个很穷，每天除了念经时间之外，就得到外面去化缘，日子过得非常刻苦。

有一天，穷和尚对富和尚说：“我想到印度去礼佛，求取佛经，你看如何？”

富和尚说：“路途那么遥远，你要怎么去？”穷和尚说：“我只要一个钵、一个水瓶、两条腿就够了。”富和尚听了哈哈大笑说：“我想去印度想了好几年了，一直没成行的原因是因旅费不够。我都去不成了，你又怎么去得成？”

过了一年，穷和尚从印度回来，还拿了一本他从印度带回来的佛经送给富和尚。富和尚内心觉得很不好意思，低下头默默地收下了穷和尚的礼物，一句话也说不出来。

俗话说：“天下无难事，只怕有心人。”只要下定决心，有恒心、有毅力，那么天底下再难的事也会变得容易了。穷和尚虽然没有钱，坐不起车船，但是拥有坚毅的信心，终能跋涉千里达成愿望。

成功，尽其在我

平日不妨努力用小的成功给自己树立自信心。成功地完成一些小事，找回成功的感觉。慢慢地就树立起对自己的自信心。

美国著名的成人教育学专家卡内基发现，世界上根本就不存在生来就胆怯、害羞的人。这些心理的异常现象，都是人在后天的成长过程中，因某些经历诱发而成的。

既然是后天，就能克服。卡内基说："世界上没有不胆怯、害羞的人，包括我自己，人人都有，只是程度不同、持续的时间长短而已。"心理学家告诉我们：胆怯、害羞的人往往对于人际关系格外敏感。从心理学上讲，这类人太在意别人对自己的看法，而缺乏对自己的信心。

信心，人生前进的动力

害怕时，把心思放在必须做的事情上。如果充分准备，便不会害怕。有时候不妨停下来想一想，别人也曾面对沮丧和困难，却克服了它们，既然别人能做到，当然你也能。

只要能下定决心，就能克服任何恐惧。因为请记住：当你对自己有信心，恐惧便无处藏身。更何况每日生活依旧，困难也常相左右，抬起头来勇敢地向前走吧。

当你的脚踩上油门时，汽车便会立刻产生一股动力，向前行驶，而热情也理应如此。记住：热情是动力，思想是油门，而你的心就是加油站。

如何增强自信心

- ♣凡事做好充分准备。
- ♣多尝试，不要怕失败。
- ♣记取错误教训，避免再犯。
- ♣平日多充实自己。
- ♣时常告诉自己：我可以。
- ♣别人的看法，仅供参考即可。
- ♣承认错误，勇于改进。
- ♣一颗乐观向上的正面心态。

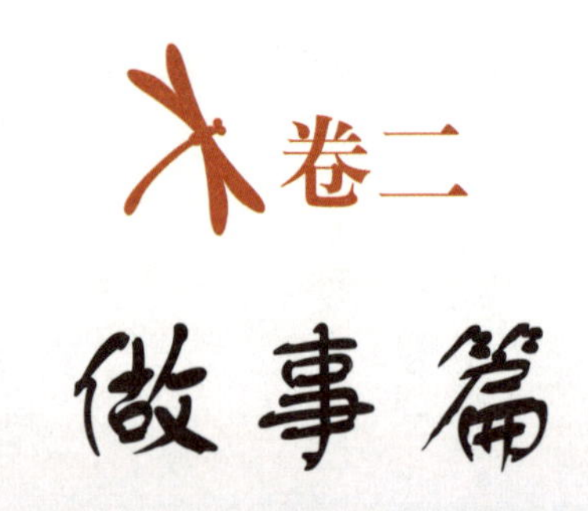

卷二

做事篇

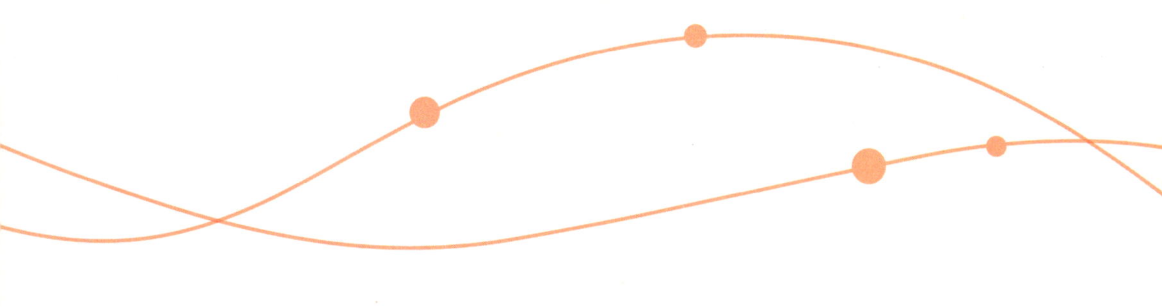

如果说我能看得远，那是因为我站在巨人的肩膀上。

——牛顿

一个人要成就事业，必需绝对专注、目标长远，不要放任自己的欲望而随意抛洒时间和精力。很难相信行事作风任性不自制的人，能够把自己经营得很成功。

《圣经》上说："流泪播种者，必欢呼收割。"成功在自己脚下，欢乐在我们心中。当你站在山顶上的时候，终会发觉一切的努力都值得。

谦逊基于力量，高傲基于无能

——妄自尊大只不过是无知的假面具而已。谦虚能使人的心缩小，像一颗小石头，虽小，却极结实。

苏格拉底和弟子们聚在一起聊天，一位家境富裕的学生，正趾高气扬地向同学们炫耀，他的家住在雅典附近有一望无际的肥沃土地上。

当他正口若悬河大肆吹嘘，一直在身旁不动声色的苏格拉底拿出了一张世界地图，然后说："麻烦你指路给我看看，亚细亚在哪里？"这个学生指着地图洋洋得意地回答："这一大片全都是。"

苏格拉底又问："很好！那么希腊在哪里？"这学生费了一番功夫在地图上将希腊找出来，但和亚细亚相比，的确是太小了。

苏格拉底又问："那么雅典在哪儿？"学生指着地图上的一个小点说："雅典，这更小了，好像是这儿。"然后，苏格拉底看着他说："现在，请你再指给我看，你家那块一望无际的肥沃土地在哪里？"

学生急得满头大汗，当然找不到，他家那块一望无际的肥沃土地在地图上连个影子也没有。这时他尴尬地回答："对不起，我找不到。"

李相的一字师

唐代的李相在家里读《春秋》时，一不小心读错了一个字，这时只见在旁伺候的小吏微微地皱了一下眉头。李相随即询问为何皱眉，小吏含蓄地说："我的老师教我读此书时，我读错了一个字，今天听你一念我就明白正确的读法了。"

李相听出了小吏话语的言外之意，随即坦然地说："不对，我没有接受老师的教诲，因此如果错了，一定是我，而不是你。"语罢就向小吏请教，待小吏说明原委后，不仅向其称谢，还虚心地称其为"一字师"。

孔子让路

孔子是我国古代著名的大思想家、教育家，学识渊博，但从不自满。他周游列国时，在前往晋国的路上，遇见一个七岁的孩子拦路，要他回答两个问题才让路。其一是：鹅的叫声为什么大?

孔子答道："鹅的脖子长，所以叫声大。"孩子说："青蛙的脖子很短，为什么叫声也很大呢?"孔子无言以对。他惭愧地对学生说："我不如他，他可以做我的老师啊!"

又有一次，孔子正驾车去晋国途中，一个孩子在路当中玩，挡住了他们的去路。孔子说："你不该在路当中玩，挡住我们的车。"孩子指着地上说："老人家，您看这是什么?"孔子一看，是用碎石瓦片摆的一座城。

孩子又说："那么应该是城给车让路？还是车给城让路呢？"孔子觉得这孩子很懂得礼貌，便问他叫什么名字，孩子说："我叫项橐，七岁。"孔子对学生们说："项橐七岁懂礼，他可以做我的老师啊！"后来孔子绕道而行。

将军和驴子

古罗马皇帝哈德良曾经碰到过这样一个问题。

皇帝手下的一位将军，觉得他应该获得拔擢，便在皇帝面前以他长久服役经历为由而提出要求："我应该被提升到更重要的领导位置。"他说："因为，我的经验丰富，曾参加过十次以上的重要战役。"

哈德良皇帝是一个明智的君王，他不认为这位将军有能力担任更高的职务，于是他随意指着绑在另一端的战驴说："亲爱的将军，好好看住这些驴子，它们至少参加过二十次战役，可是它仍然是一只驴子。"

心灵之窗

谦逊是一种品格、一种姿态，它不仅是美德，更是一种智慧。任何人不论在家庭中，或是社会上，都有一个最合适的位置。谦逊的人知道自己的位置在哪里；不过也有人终生汲汲营营都在找位置。其实无论处在什么样的环境里，只要你有一颗谦虚的心态，就能很快找到真正适合自己的位置。

谦逊不是自卑，是自知不足。谦逊做人，才能赢得人心；谦逊做学问，学问才会有成就；工作谦逊，才不会被淘汰。人人自知不足，不断地虚心学习，才能立于不败之地。

中国古代名医扁鹊，世人都将他看作是能够妙手回春的神医，可是他十分谦虚。有一次，齐国的国君要封扁鹊为“天下第一神医”。然而扁鹊却坚决不受，强调自己并不是天下第一，因为自己的两个哥哥医术都比他高明。

扁鹊说他二哥扁雁能够治大病，在那些绝症只出现微小症状时，就能加以诊断并及时根治。而大哥扁鸿的医术更加出神入化，能够防患未然，只要看人一眼，就可以观察出这个人的潜在病症，然后在其得病之前就及时治疗。

而自己，既不能治大病，又不能防病，只能等到病人已经病入膏肓了才能救治，所以自己并不是“天下第一神医”。事实上，扁鹊在医学方面很有成就，可是他却一点也不骄傲自大，反而很谦虚，从未以“神医”自许。

身高六尺的君子

当晏婴为齐景公的宰相时，有一天晏婴出门，他的车马刚好路过马车夫的家，车夫的妻子从门缝里偷看她的丈夫。这时她一眼瞧见她那为宰相驾车的丈夫，坐在华丽的车盖下，赶着马车神气活现、得意扬扬，一副骄傲自满的样子。

等到车夫回家后，妻子不像往常一样在门口笑迎丈夫，而是躲在房间里避不出户。车夫问为什么？妻子说："晏子身高不到六尺长，却当了齐国宰相，名闻天下，各国诸侯都敬仰他，但是晏子却谦逊自持。可是你身高八尺，只是人家的车夫，却自鸣得意，这就是我感到羞愧而躲起来的原因。"

一将功成万骨枯

不知道你是否曾有同感，成就愈高者，通常待人处世愈谦虚；相反地，才能愈低下者，稍有长进，便动辄流露出不可一世，万夫莫敌的态度。关键因素在于，一个人要想突破重重关卡，爬到人生高点，往往必需克服很多的挫折与苦难，还必需得力于来自各方力量的相互扶持，最后才有幸攀登高峰。

因此，在荆棘中能够站立者，学会知足、学会感恩；为了克服困难，曾流下泪水、汗水者，反而愿意与别人分享既苦涩、又甜美的成功果实。

中国有句古谚："一将功成万骨枯。"形容一个大将军尽管骁勇善战，英勇无比，但若没有旗下千军万马冲锋陷阵，也无法制敌机先。

谦虚能使成功光芒历久弥新

人外有人，天外有天。莎士比亚曾说：“谦逊是最高贵的克己工夫。”提醒人们谦虚的重要。谦虚是一种柔软的力量，它能使成功的光芒恒久、常驻人心。

美国伟大的物理学家富兰克林，一生勤于创造发明，获得的荣衔无数，不过他的墓志铭上却仅刻上他生前为自己撰写的几个简单文字“印刷工人富兰克林之墓”。

英国生物学家达尔文经过二十年的研究，正准备向世界发表他的“物种起源”学说，他的朋友华莱斯寄来一篇论文，内容和达尔文的研究大致相同，经过激烈的内心挣扎之后，达尔文决定让华莱斯优先发表。事后，华莱斯赞誉达尔文：“不肯为了争名，而提早发表他的理论，显然我在他面前，只是一个匆忙急躁的少年。”

苏格拉底不但才华洋溢且广招门生奖励后进，运用著名的启发性谈话启迪青年智慧。每当人们赞叹他的学识渊博，智慧超群的时候，他总谦逊地说：“我唯一知道的就是我自己的无知。”

站在巨人的肩膀上能看高看远

被人们称颂为“力学之父”的牛顿发现了万有引力定律，在热学上，他确定了冷却定律。在数学上，他提出了“流数法”建立了二项定理和莱布尼兹几乎同时创立了微积分学，开辟了数学史上的新纪元。

尽管成就卓越，牛顿却非常谦逊。对于自己的成功，他虚心地说："如果我看见的比笛卡尔要远一点，那是因为我站在巨人肩膀上的缘故。"他还对朋友说道："我像一个海滨玩耍的小孩子，有时很高兴地拾获一颗光滑美丽的石子，不过真理的大海却还是没有发现呢。"

谦虚使人进步，居里夫人是一位真正的科学家，一切荣誉、金钱、灾难都在她科学之光的照耀下荡然无存。艾芙·居里谈起自己的母亲时说道："她终生拒绝财富，生性严于律己，而且不露锋芒，始终不愿意采取任何一种沽名钓誉的态度，对于一切光环与荣耀，只是淡然处之。"

失业工人的一盒烟草

爱因斯坦说过："'谦虚'就是我的宗教。"当他庆祝五十岁生日时，爱因斯坦在柏林的住宅内，收到了足可装满几个篮子的祝贺卡片，其中包含各国政要、总统、各国大学和科学院的专家学者们。然而，真正让他感到快乐的，并不是那些歌功颂德的赞美词汇，或是那些显要人物的签名；第一个收到他回信致谢的，是一位失业的工人，这位生活困窘的工人，用他剩余有限的钱，买了一小盒烟草送给了爱因斯坦。

爱因斯坦深受感动，因为这些穷人们虽然并不了解他的工作，有的甚至于不知道什么叫"数学家"或"物理学家"，但他们把"爱因斯坦"这个名字和善良、乐于助人的形象连结在一起，因此送给他最真诚的祝福。

这就是爱因斯坦性格上最具魅力之处。对他来说，没有什么事是值得骄傲的，他也不认为自己有任何高人一等的地方。爱因斯坦说："谦虚"不是上帝命令每一个人都要遵守的道德伦理，而是作为一个人应该拥有的美德。

果

当忘了自己的缺点，就容易产生骄傲自满。自大是一座可怕的陷阱，而且这个陷阱是由我们自己亲手所挖掘。

读后语

如何去除高傲之心

- ♣缩小自己，才能看见大世界。
- ♣尽量发觉、欣赏别人的优点。
- ♣承认自己的不足之处。

坚持：再长的路，一步步也能走完

——钢在熊熊烈火中铸造而成，所以才能历久弥新；至于生活同样也充满了挑战与考验，只有勇敢向前，才能到达彼岸。能否成就事情不在于力量的大小，而在于能坚持多久。

有学生问大哲学家苏格拉底：“怎么样才能像老师一样拥有博大精深的学问？”苏格拉底听了并未直接作答，只是说：“今天我们只学一件最简单也是最容易的事，每个人把胳膊尽量往前甩，然后再尽量往后甩。”

苏格拉底示范了一遍，说：“从今天起，每天做三百下，大家能做到吗？”学生们都笑了，这么简单的事，又有什么困难呢。过了一个月，苏格拉底问学生们：“哪些同学坚持做了一个月？”

有九成同学骄傲地举起了手。

一年过后，苏格拉底再一次问大家：“请告诉我，最简单的甩手动作，还有哪几位同学坚持去做？”这时整个教室里，只有一人举了手，这个学生就是后来成为希腊大哲学家的柏拉图。

人人都渴望成功，人人都想得到成功的秘诀，然而成功并非垂手可得。我们常常忘记，即使是最简单最容易的事，如果不能坚持下去，成功的大门绝不会轻易地开启。

成功没有秘诀，坚持是它的过程。

齐白石的1605小时

齐白石年轻时曾有一位天资比他更好的同伴跟他一起学画画，但是这位同伴却半途而废，不再作画。

齐白石成名后，这位同伴来拜访他，并感慨学艺艰辛不易，但是齐白石说："其实成功并不需要太长的时间，只需要两个月又七天。"

同伴睁大了眼睛看他拿起笔纸计算着："从年轻时期到扬名为止，每天作画的时间从一个小时慢慢增加到十个小时，这么多年来大约花了1605个小时。"就是这"1605小时"让齐白石从小木匠到名闻世界的画坛大师，他之所以成功是贵在坚持，贵在从不放弃，所以不要畏惧成功的遥遥无期，只要坚持、勤奋就可到达成功的彼岸。

莫泊桑细火慢炖，终成一代巨擘

莫泊桑，法国的批判现实主义作家，一生写了近三百篇短篇小说和六部长篇小说，是一代文巨擘。

莫泊桑十三岁那年，考入了里昂中学，他的老师发现莫泊桑颇有文学才能，就把他介绍给福楼拜。

福楼拜是世界闻名的作家，当时在法国享有崇高的声誉。他看了看莫泊桑的作品，对他说："孩子，我不知道你有没有才气，不过在你的作品里，我看到一些小聪明，但是你永远不要忘记，努力才是通往成功的唯一之途。”

莫泊桑点点头，把福楼拜的话牢牢记在心里。在老师的严格要求下，莫泊桑的学业进步飞快。后来，他尝试写剧本和小说，一写完就请福楼拜指点，他总是指出一大堆缺点。莫泊桑修改后要寄出发表，但是福楼拜总是不同意，并且告诉他，不成熟的作品，不要寄往刊物上发表。

刚开始，莫泊桑唯命是从，福楼拜不点头，他就把文稿放在柜子里。慢慢地，文稿竟堆起来有一人多高，莫泊桑开始怀疑：福楼拜是不是存心压制自己？

有一天，莫泊桑闷闷不乐，到果园去散心。他走到一棵小苹果树跟前，只见树上结满了果子，嫩嫩的枝条被压得贴着了地面，再看看两旁的大苹果树，树上虽然也果实累累，但枝条却强壮地支撑着。这给了他一个启示：一个人只要根基扎得够深，不愁结不出丰硕的果实。

直到一八八〇年，莫泊桑已经到了而立之年。一天，他拿着小说《羊脂球》向福楼拜请教。福楼拜看后拍案叫绝，要他立即寄往刊物上发表，果然，《羊脂球》一面世，立即轰动法国文坛，莫泊桑从此一步步登上世界文坛。

青蛙爬高塔

有一天，一群小青蛙决定进行一场赛跑比赛，比赛终点就是一座高很高的高塔，一大群观众在高塔旁围观 并为所有参赛者欢呼。

比赛开始了，说真的没有一个人相信，会有任何一只青蛙可以抵达终点登上高塔。

这时你听到周遭观众鼓噪："喔！这太难了，你们绝对办不到！你们一点胜算都没有！高塔实在太高！"

小青蛙听到后 一个一个放弃了，但还是有一些小青蛙，踏着节奏越爬越高。

观众还是继续鼓噪："这太难了！这太难了！没有人可以办到！"

接着又有一批小青蛙因疲倦而放弃，最后只有一只青蛙越爬越高。这只小青蛙没有放弃！最后到达终点是一只小青蛙，其余都放弃了。

这只小青蛙 迈开大步抵达终点，这时所有小青蛙都想知道他是如何办到的？

有一只参赛者忍不住跑来问这只小青蛙："你是如何坚持跑到终点的呢？"现场突然一片静寂，这一个赢家……是一只耳聋的青蛙！

这个故事告诉我们，绝对不要听从人们负面或悲观的看法，因为它剥夺了你的美梦和期许，而这些美好曾存在你的心中。

它的用意要我们常思考哲理，因为你所听和所看皆会影响你。因此，当周遭的人告诉你办不到时，不妨就相信自己，给自己一次机会吧！

常想我一定可以办到！永远坚信心想事成！

心灵之窗

美国发明大王爱迪生说过："很多生活中的失败，是因为人们没有意识到，当他们放弃努力时，距离成功是多么近。"

做事要具备坚持的勇气并不是件容易的事，因为那意味着你必需克服源自于心中的惰性、软弱，然后再把自己放到一个相对的高度，才能维持着继续前进不懈怠的勇气。

人生不如意十之八九，当遇到困难阻碍时，通常"放弃"是最容易做出的一种选择。或许在放弃的一瞬间，一时之间感觉如释重负，因为原本沉重的负担似乎立刻远离。不过，很多人未曾注意的是，当你以为抛开困难而大大喘一口气同时，下一个困难早已在旁悄悄等候。

是的，不论是谁、不论做任何事，挫折与考验总是如影随形。只有"坚持到底"的决心，才是到达幸福彼岸的唯一之途。

达芬奇的第一堂绘画课

达芬奇是欧洲文艺复兴时期意大利一位卓越的画家。他从小就很有绘画才能，当达芬奇十四岁的时候，父亲送他到意大利名城佛罗伦萨，拜名画家弗罗基奥为师。

弗罗基奥，不仅懂绘画，也懂雕刻。跟着弗罗基奥学绘画，第一课便是画蛋。老师拿来一个鸡蛋，往桌子上一放，吩咐他照着画，然后便去做自己的事了。刚开始，达芬奇照着鸡蛋认真地画，可是没过多久，达芬奇就不耐烦了，他对老师说："老师，为什么总要我画蛋啊？到底什么时候才能画完呢？"老师严肃地对他说："要先学好画蛋，因为这是熟练手法和笔法的基本功。要画好蛋，就要认真地观察它，学会从不同的角度来画它。"

日复一日的累积功力

听了老师的话，达芬奇低下了头不再说话，从那以后，他再没有急着要画别的东西。他全神贯注地，日复一日地去观察桌子上那个平平凡凡的鸡蛋，从前面、后面、左面、右面等不同的方向去观察。日子一天天过去，达芬奇的画本上画满了大大小小的，形状不同的圆圈圈。老师对他的刻苦钻研精神很满意，对他赞不绝口。

达芬奇画鸡蛋用的稿纸，已经堆得老高了。

有了坚实的基础，达芬奇的绘画水平愈来愈进步。有一次，老师让达芬奇在自己的作品《基督受洗图》上画一个天使。只见达芬奇拿起笔来仅三两下子，一个可爱的小天使就跃然纸上了。看着学生有如此好的技艺，弗罗基奥笑了。从那以后，达芬奇的绘画技巧愈来愈纯熟。

经过长期艰苦的艺术实践，达芬奇终于创作出《最后的晚餐》、《蒙娜丽莎》等许多名画，成为一代画家。

不退缩的人生路

被视为细菌学之祖的法国微生物学家路易·巴士德说：“告诉你使我达到目标的奥秘吧，我唯一的力量就是我的坚持精神。”这位被世人称为“进入科学王国的最完美无缺的人”其毕生成就源自于坚持到底的决心。

在浩瀚人生中，当遇到困难时你该如何面对？放弃？亦或是坚持？

勇气往往和坚持相关，勇气意味着面对困境，依然积极乐观地想方法克服难关，做自己认为是正确的事，即使不合潮流，走得很孤独很艰难，也绝不轻言放弃。

心有多高，你就能飞多高。心有多大，你的世界就有多大。前提是，不间断的努力。人生，就像大海上，就会不断地遭遇风险。没有风平浪静的海洋，没有不受伤的船。但愿你能成为一个有勇气的人。

读后语

人生智慧果

当你拥有了坚强的意志，就等于增加一对翅膀。

什么情况下需要坚持的勇气

- ♣择善固执。
- ♣面对逆境，遭遇挫折打击时。
- ♣行事遇阻碍，别轻易说「不可能」。
- ♣渴望有所突破时。

话多不如话少，话少不如话好

——「口中的舌头是什么？它是智慧宝箱的钥匙，只要不打开，谁都不知道里面装的是珠宝还是杂货。」马克吐温。

苏格拉底说："当你要告诉别人一件事时，至少应该用三个筛子过滤一遍！"

第一个筛子叫做真实。

"你要告诉我的事是真实的吗？""我是从街上听来的，大家都这么说，我也不知道是不是真的。"

"那就应该用你的第二个筛子去检查，如果不是真的，至少也应该是善意的。"

"你要告诉我的事是善意的吗？""不，正好相反。"他的学生羞愧地低下头来。

苏格拉底不厌烦地继续说："那么我们再用第三个筛子检查看看，你这么急着要告诉我的事，是重要的吗？""并不是很重要……"

苏格拉底打断了他的话："既然这个消息并不重要，又不是出自善意，更不知道它是真是假，你又何必说呢？说了也只会造成我们两个人的困扰罢了。"

苏格拉底说："不要听信搬弄是非的人或是诽谤者的话。因为他并非出自于善意告诉你，他既然揭发别人的隐私，当然也会同样对待你。"

法国女人的年龄秘密

法国总统戈达向来以“急智、机智”出名。有一天一位英国太太问他：“法国女人是不是真的比其它国家的女人更迷人？”

戈达毫不犹豫地说：“那当然啰！因为巴黎的女人二十岁时，美如玫瑰；三十岁时，也像情歌一样迷人；而四十岁时，就更完美了。”

那位英国太太又问：“那么四十岁以后呢？”

戈达总统微笑地说：“太太，你知道吗，一个巴黎女人，不论她几岁，看起来都不会超过四十岁啊！”

老员外的牡丹花

有一个老员外特别喜欢牡丹花，在院子里种满牡丹花。当牡丹花盛开的时候，老员外特别摘了几朵送给隔壁的一位书生。

隔天，一位邻居到书生家里做客看见了牡丹花。他看后立刻告诉书生说：“这些牡丹花每一朵都缺了几片花瓣，这岂不是富贵不全吗？我看根本是老员外存心不良，你还是尽快把这些花还给他吧。”

邻居走了之后，书生愈想愈不对劲，于是把这些牡丹花还给老员外，并且告知关于富贵不全的典故。

老员外忍不住笑道："你看这些花瓣不全，不正表示着你是富贵无边吗?！不要随意听信别人的话。"书生听了觉得很有道理，于是又多选了几朵花开心地回去了。

婆婆的智慧

她的儿子结婚后，和妻子一起到美国攻读学位，某天她到美国探看儿媳，发现儿子胖了，媳妇却瘦了，由于心疼媳妇，因此忍不住说："怎么会瘦成这样?"

年轻的媳妇一时忍不住，对婆婆吐苦水，抱怨先生对内懒惰不会做家事，对外连认路都会出差池，做什么错什么。

其实，世界上没有任何婆婆想听媳妇抱怨儿子。

大部分的婆婆都会忍不住替儿子说话，但是这位婆婆很聪明，她听完媳妇的抱怨后，只微笑说出一句话："可是有一件事他做得最对。"

"什么事?""就是娶了你啊。"媳妇听了，哑口无言。

心灵之窗

说话？！谁不会说，重点在于如何说。

苏东坡喜欢拿妹妹的长相开玩笑，有一回他形容她的容貌："未出厅前三五步，额头已到画堂前。"不甘示弱的苏小妹立刻反唇相讥："去岁几滴相思泪，至今尚未到腮边。"这段故事虽是兄妹间你来我往的戏谑语，但也显示苏小妹的说话技巧相较其兄长可说略胜一筹。

说话的技术到底有多重要？人从牙牙学语起开始说话，从刚开始的单字发音，慢慢地进步到用简单句子表达意思。学会说话，是孩童和大人尝试沟通的第一步。

人们终其一生"说话"是使用时间最长、学习最多（比吃饭还多）、应用最广的一件事，但我们却总觉得做得不够好，不够精练，不够达意。像艺术，永远都有可改进之处。

别人的事，小心说

俗话说："良言一句三冬暖，恶语伤人六月寒。"你每天都在说话，但要把话说的得体并不是件天生就会的事情，它需要观察、需要锻炼、需要练习。

一位沟通大师在课堂上，讲述与人交谈说话时的重要原则如下：

急事，慢慢地说……

大事，想好了再说……

小事，幽默地说……

没把握的事，小心地说……

不知道的事，不乱说……

没有发生的事，不胡说……

别人的事，谨慎地说……

尊长的事，多听少说……

伤人的事，坚决不说……

自己的事，该怎么说就怎么说……

今天的事，做了再说……

未来的事，未来再说……

金恩，我有一个梦

俗话说得好："饭可以多吃，话不能乱说。"语言的力量究竟有多大？马丁路德．金恩的故事值得令人深省。

美国黑人民权牧师马丁路德·金恩，毕生倡导"种族平权运动"，金恩牧师最出名的一场演说是在一九六三年纪念奴隶解放宣言一百周年，于首都华盛顿广场，向二十万群众宣扬"我有一个梦"。

他梦想将来有一天，黑人子女被评价不是按其肤色，而是品格。

他梦想大山会被铲平，洼谷会被填满，黑、白男女有一天能携手同唱自由之歌。

当他终于以最深厚嘶喊之音叫出："我有一个梦！我有一个梦！"时，这个深沉的呼唤撼动了广场上的二十万群众人心。金恩牧师以这篇著名演讲，不只点亮一盏灯，更燃起一把熊熊烈焰，疯狂地袭卷群众，改写了美国历史的一页。

话多不如话巧

的确，一个人的谈吐，小则可以表达性情心意，大则一言兴邦，这种力量是多少人的渴望，多少人的梦。

说话，在我们生活中如此重要，往往人际关系是否良好，有时候系因于说话是否得体合宜。因此，千万别低估了说话的力量。与人相处时，与其话多倒不如说话巧。

还有，千万不要乱说话。

读后语

你是说话高手吗？

- ♣要有同理心。
- ♣培养幽默感。
- ♣说话简明扼要。
- ♣话多不如话少，话少不如话好。
- ♣因时因地，看场合说话。
- ♣学会「倾听」的说话技巧。

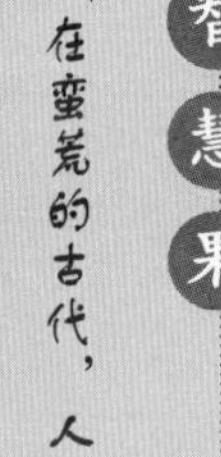

「在蛮荒的古代，人们用斧头彼此争斗；至于文明人则埋掉斧头，他们的格斗靠的是舌头。」英国作家索斯·卡罗尔。

真理犹如钻石，一经开采便能历久弥新

——一个人追求的目标愈高，他的才能就发展得愈快，对社会也就愈有益处。这，也是一个真理。

学生向苏格拉底请教如何才能坚持真理。苏格拉底让大家坐下来。

他拿着一个苹果，慢慢地从每个同学的座位旁边走过，一边走一边说：“请同学们集中精力，注意嗅空气中的气味。”

然后，他回到讲台上，把苹果举起来左右晃了晃，问：“有哪位同学闻到苹果的味道了吗？”

有一位学生举手站起来回答说：“我闻到了，是香味！”

苏格拉底又问：“还有哪位同学闻到了？”学生们你望着我，我看着你，都默不作声。

苏格拉底再次举着苹果，慢慢地从每一个学生的座位旁边走过，边走边叮嘱：“请同学们务必集中精力，仔细嗅一嗅空气中的气味。”

回到讲台上后，他又问："大家闻到苹果的气味了吗？"这次，绝大多数学生都举起了手。

稍停，苏格拉底第三次走到学生中间，让每位学生都嗅一嗅苹果。

回到讲台后，他再次提问："同学们，大家闻到苹果的香味了吗？"他一说完，除一位学生之外，其他学生全部举起了手。

那位没举手的学生左右看了看，也慌忙地举起了手。他的神态引起了一阵笑声。

苏格拉底也笑了："大家闻到了吗？"学生们异口同声地回答："是！"

这时，只见苏格拉底脸上的笑容不见了，他举起苹果缓缓地说："非常遗憾，这是一枚假苹果，什么味道也没有。"

先驱者的代价

英国乡村医生琴纳在行医期间，了解到感染过牛痘的挤奶妇女对天花免疫，就接连多年进行观察和实验。一七九六年他为一个八岁男孩接种牛痘成功，当时人们将信将疑，教会则攻击他，造谣说那个种了牛痘的孩子脸上长出了牛毛，眼睛像公牛一样看人，连咳嗽的声音也好像是牛叫一样。

他还收到许多诽谤信和恐吓信，他说："我好像乘着一只小船，快要到岸了，却受着暴风雨的袭击。"后来，牛痘接种法推广开来，英国政府承认了他的研究成果。他去世后，人们为他立碑塑像，表达对他的怀念。

如果当初琴纳不曾坚持，不曾坚定地走向自己的路，也许他的伟大发现，终将深深埋在历史的洪流里。

心灵之窗

所谓真理，它是永恒不变、超越时空，涵盖一切的唯一道理。它的存在不能以利益价值计算，而必需透过智慧才能领悟。伽利略说："真理具备了不可思议的力量，你愈想要攻击它，你的攻击就愈加充实和证明它的存在。"

布鲁诺为真理奉献生命

意大利思想家布鲁诺，他出生于那不勒斯附近的诺拉镇。十七岁进入圣多米尼加修道院，但他非常拥护哥白尼的"天体运行论"。二十八岁时因反对罗马教会的腐朽制度而离开修道院流亡西欧。此后用讲演、讲课、文章等不同形式反对地心说，宣扬新思想。

布鲁诺认为："为真理而奋斗是人生最大的乐趣。"一五九二年布鲁诺被骗到威尼斯并遭逮捕，在囚室八年中他英勇不屈。据一五九九年十月的档案记载，布鲁诺宣布无可招供，他没有做任何可以反悔的事情。他顽强地说："在真理面前，我半步也不退让！"最后以"异端分子和异端分子的老师"罪名，于一六〇〇年被烧死在罗马鲜花广场。后人为纪念这位坚强不屈的学者，一八八九年在罗马鲜花广场上树立起布鲁诺的铜像，永受世人追悼纪念。

甘地—只有真理和爱能胜利

印度圣雄甘地穷尽毕生之力为坚持真理而奋斗。

“当我绝望时，我总会想起，历史上有很多暴君和凶手，一段时间内他们似乎是无敌的，但终究难逃失败。认真想想，永远都是这样。”——甘地

半个世纪以前，甘地在那个充满民族压迫的时代，以宗教的热情及大无畏的精神，唤醒印度数亿万同胞的民族自信心，领导印度人民摆脱英属殖民地的悲惨命运。

甘地经常说自己的价值观很简单，那就是“真理”、“非暴力”。他强调两者是分不开的，就像一枚钱币的两面，非暴力是手段，而坚持真理则是目的。

甘地对自己的信念坚定不移，虽然备受牢狱之苦，仍然坚持“只有真理和爱能使人得胜”。一九四七年英国总督和尼赫鲁、真纳三方共同宣布印度、巴基斯坦分治方案，历经苦难的印度终于宣告独立。

不论做任何事情，不管有多困难，会不会有结果，这些都不重要，即使失败了也无可厚非，关键是你有没有勇气解脱束缚的手脚，有没有胆量勇敢地面对。很多时候人们缺乏的是勇往直前的决心和魄力。

固然，坚持真理往往必需付出代价，但不可否认地这项坚持，却是能使你能昂首阔步迈向终点的必要之路。

人生智慧果

时间会流逝，年华会消失，只有真理，永远不老。

如何找寻真理之路

♣ 真理和玫瑰，周围都有刺。

♣ 逆境是通向真理的第一条道路。

♣ 真理最忠实的朋友就是时间，最大的敌人是偏见，永恒伴侣是谦逊。

♣ 谬误行得通，真理就行不通。

♣ 真理像蓝天，没有手掌能够遮住它。

♣ 真理像锥子，袋子藏不住。

♣ 错误禁不起失败，但真理却不畏惧失败。

以退为进，步步向前

——所谓以退为进，就是以退让做为一种表面现象，实则以向上的姿态作为扭转乾坤、再攀高峰的阶梯。

有人问哲学家苏格拉底：“请你告诉我，天与地之间的高度到底是多少？”

苏格拉底答道：“三尺！”

“胡说，我们每个人都有四五尺高，如此一来人们岂不是要冲破天际了吗？”

苏格拉底微笑着说：“所以凡是高度超过三尺的人，要能够长久地立足于天地之间，就要懂得低头呀！”

先蹲后跳，成就更高

传说宋朝时，浙江龙虎寺禅院中的学僧，曾在寺前的围墙上创作一幅龙争虎斗的壁画。画中龙在云端盘旋将下，虎踞山头，作势欲扑。壁画完成后，大家虽经多次修改，但总觉得其中动态不足。这时，正巧无德禅师从外面回来，学僧就请禅师为大家做点评。

无德禅师看过大家画的龙虎图后说道："龙和虎的外形画得不错，但龙与虎的特性不同。龙在攻击之前，头必须向后退缩；虎要上扑时，头必然向下压低。龙颈向后的屈度愈大，虎头愈贴近地面，它们也就能冲得更快，跳得更高。从而能够最大程度地发挥自己的威力。"

学僧们听后恍然大悟对无德禅师说："师父真是一语道出我们的缺点，我们不仅将龙头画的太向前，而且虎头也太高了，怪不得总觉得动态不足。"

无德禅师趁机说道："为人处世和参禅修道的道理是一样的，唯有经过'退一步'的准备之后，才能争取得更大的超越，谦卑地反省之后会让我们成就更高。"

富兰克林的低头智慧

被称做是美国之父的富兰克林有一句名言："人要昂首天下，但也要时时记得低头。"

年轻时，富兰克林曾去拜访一位长辈，那时他年轻气盛，昂首挺胸，迈开大步。不过当一踏进前辈家的门，他的头立刻狠狠地撞在门框上。这时，出来迎接他的前辈笑着说："要记住，要想成功就必需时时记得低头。"

从此，"记得低头"成为富兰克林的座右铭。富兰克林从当印刷工人开始，走过一段艰辛的生存之路，他刻苦好学，坚忍不拔，最终成为受人敬重的科学家和政治家。一生做过许多对社会有益的事，他曾代表北美殖民地与英国、法国谈判，参与了美国《独立宣言》的起草，成为美国的创始人之一。

我们从小所受的教育是，永不低头、永不言败，否则就是懦夫。然而富兰克林给我们启示是：人有时候要记得低头，低头不是无奈的妥协，而是战胜困难的一种智慧，低头并不意味着无能的认输，而是为达目标所采取的一种以退为进的策略。

心灵之窗

“以退为进，欲取先给”，这是老子最早提出的处世哲学。也是为人处世的人生态度，但如果不是以真诚为基础，那么很可能就会变成一种虚伪的态度。因此待人必须以真诚为本，能够宽待别人就是宽待自己，有失必有得。

至于大师们提到的“记住低头”和“懂得低头”说法，就是要记住不论你的资历、能力如何，在浩瀚的社会里，你只是一个小分子。

当我们建立高远的奋斗目标时，就必需在人生舞台上保持低姿态，为人处世更谦虚。

其实我们的生活又何尝不是如此，目空一切的人，将会被骄傲蒙蔽双眼而无法向前；只有愿意低头的人，才能在挫折面前重新整理自己，重新出发。当你从挫折中走出来时，你会发现，一次善意的低头，其实是一种难得的境界。懂得低头也是一种能力，它并不是自卑，也不是懦弱，它是勇于调整自我心态的一种改变。

放下，才能再拥有

歌德是德国历史上一位伟大的诗人，他的许多诗歌在当时就广为人们所传颂 。但在他生活的那个时代， 也有人对他和他的作品怀有成见。

一天，他在魏玛公园里散步，在一条人行道上，迎面遇见一位对他的作品提过尖锐的、带有挖苦性批评的读者。两人面对面地停住，那位读者蛮横地喊道："我从来也不给傻子让路。"歌德看起来并不介意，微微一笑说："我正好相反呢！"接着满面笑容地让步于一旁。这位读者听后更加生气，半天说不出话来。

歌德面对挑衅的读者，一方面保守了自己的立场，另一方面避免正面冲突，表现出豁达的情操和高雅的风度。

低头，也是一种能力

如果我们把人生比做爬山，有的人在山脚刚起步，有的人向山腰攀爬，有的人则正大步前进顶峰。但不论你处在什么位置，请记住要把自己的心态放在底处，即使当你爬上顶峰，也不要忘记初衷而要更懂得低头。因为在你所经历的漫长人生中，总难免有碰头的时候。

低头也是一种能力，有时候稍微低下头，或许我们的人生路会走得更精彩。

如果说能力是一把刀，那么谦逊就是刀套；

弯下腰，不一定会让别人看见你；

但却能让你凝聚更多智慧，看清你将要走的路。

处世让一步为高

中国古代劝世名著《菜根谭》中便曾记载："处世让一步为高。"就是说为人处世，凡事退让一步是高明之举。因为在某种程度上，退让一步是为了更好的进步。

美国拳王乔·路易在拳坛所向无敌。有一次，他和朋友一起开车出游，途中因前方出现意外情况，他不得不紧刹车，不料后面的车因尾随太近，两辆车发生轻微碰撞。后面的司机怒气冲冲地跳下车来，嫌他开车太急，继而又大骂乔·路易驾驶技术有问题，并不断地在他面前挥动着双拳，大有想把对方一拳打倒的情势。

乔·路易自始至终除了道歉的话再无一语，直到那司机骂够了才扬长而去。乔·路易的朋友事后不解地问他："那人如此无理取闹，你为什么不狠狠揍他一顿？"乔·路易听后认真地说："我的拳击技术只应用于竞赛场上，如果有人侮辱了帕瓦罗蒂，帕瓦罗蒂是否应为对方高歌一曲呢？"

以退为进，海阔天空

中国人向来主张："忍一时风平浪静，让三分海阔天空。"虽然历经时代的变迁，然而这项诉求却越来越显示出其深邃的哲理内涵。因此当遭遇愤怒和悲观失望情绪时，应当学会忍让一时，如此一来在过程中，所有的烦恼痛苦都会随着时间的推移而消逝。

学会以退为进的处世方法，将会使我们避免许多不必要的烦恼，从而能够在各种境遇下保持平常心。即使当下不如意，也能在短暂的驻足停留后，平心静气等待下一次奋力跃起的机会。

读后语

学会低头的艺术

♣谦虚而不自卑。

♣宽待别人，也是宽待自己。

♣先蹲后跳，成就更高。

♣一种有限度、有智慧的妥协。

♣平心静气，等待下一次跃起的机会。

♣一种以柔克刚的处世哲学。

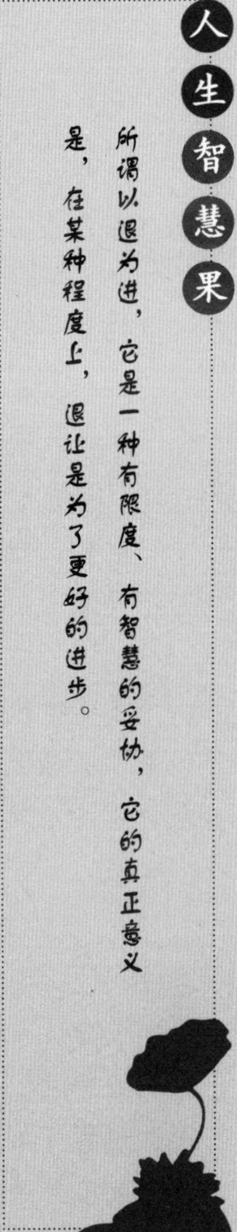

人生智慧果

所谓以退为进，它是一种有限度、有智慧的妥协，它的真正意义是，在某种程度上，退让是为了更好的进步。

权宜变通是成功的秘诀，一成不变是失败的伙伴

——想要成功，必须懂得变通，不能故步自封一成不变。完美的变通可以使坏事变成好事。有些事不是不能做，关键是怎么做才合理。

苏格拉底教学生从不给他们现成的答案，而是用反问的方式，让学生自行思考蕴含其中的深奥道理。

学生：“苏格拉底，请问什么是善行？”

苏格拉底：“盗窃、欺骗，这种行为是善行还是恶行？”

学生：“是恶行。”

苏格拉底：“欺骗敌人是恶行吗？”

学生：“这是善行。不过，我说的是朋友而不是敌人。”

苏格拉底：“照你说盗窃对朋友是恶行，但是，如果朋友要自杀，你盗窃了他准备用来自杀的工具，这是恶行吗？”

学生：“是善行。”

苏格拉底：“你说对朋友行骗是恶行，可是在战争中，军队的统帅为了鼓舞士气，对士兵说援军就要到了。但实际上并无援军，这种欺骗是恶行吗？”

学生：“这是善行。”

生命中的坚持与变通

从前有两个年轻人，一个叫一心，一个叫一德，他们住在同一村庄，成为最要好的朋友。由于居住在偏远的乡村谋生不易，他们就相约到远地去做生意，于是同时把田产变卖，带着所有的财产和驴子到远地去了。

他们首先抵达一个生产麻布的地方，一心对一德说："在我们的故乡，麻布是很值钱的东西，我们把所有的钱换取麻布，带回故乡一定会有利润的。"一德同意了，两人买了麻布，细心地捆绑在驴子背上。

接着，他们到了一个盛产毛皮的地方，那里也正好缺少麻布，一心就对一德说："毛皮在我们故乡是更值钱的东西，我们把麻布卖了，换成毛皮，这样不但我们的本钱能回收，返乡后还有很高的利润！"

一德说："不，我的麻布已经很安稳地捆在驴背上，要搬上搬下多么麻烦呀！"

一心便把麻布全换成毛皮，还多了一笔钱。一德依然有一驴背的麻布。

一捆麻布的真实价值

他们继续前进到一个生产药材的地方，那里天气苦寒，正缺少毛皮和麻布，一心就对一德说："药材在我们故乡是更值钱的东西，你把麻布卖了，我把毛皮卖了，换成药材带回故乡一定能赚大钱的。"

一德拍拍驴背上的麻布说："不了，我的麻布已经很安稳地在驴背上，何况已经走了那么长的路，卸上卸下太麻烦了！”一心把毛皮都换成药材，还赚了一笔钱。一德依然有一驴背的麻布。

后来，他们来到一个盛产黄金的城市，那充满金矿的城市是个不毛之地，非常欠缺药材，当然也缺少麻布。一心对一德说：“在这里药材和麻布的价钱很高，黄金很便宜，我们故乡的黄金却十分昂贵，我们把药材和麻布换成黄金，这一辈子就不愁吃穿了。”

一德再次拒绝了：“不！不！我的麻布在驴背上很妥当，我不想变来变去呀！”一心卖了药材，换成黄金，又赚了一笔钱。一德依然守着一驴背的麻布。

最后，他们回到了故乡，一德卖了麻布，只得到蝇头小利，和他辛苦的远行不成比例。一心不但带回一大笔财富，而且把黄金卖了，又赚得很多钱成为当地最大的富豪。

心灵之窗

一天小和尚问方丈："师父，我念经的时候可不可以抽烟？"

方丈大怒："不可以。"

另一个小和尚则对方丈说："师父，我抽烟的时候可不可以念经？"

方丈说："可以。"

同样的一件事情，随着不同的表达方式，所获得的结果也不同。可见完美的变通可以使坏事变成好事。有些事不是不能做，关键是怎么做才合理。

"变通"并不是一种奸巧之道，而是在权衡得失轻重后做出的"双赢"提案。"变通"的基础是建立在"知己知彼"与"互惠共利"上，如果只是为完成一桩生意、或建立某种关系而导致任一方因为让步受到损害，那就不能称为"变通"。

数据显示有超过九成的人因为不懂得"变通"，只是一味的墨守成规或坚持己见，而让所有的努力化为泡沫。只有平均不到一成的人由于思路灵活，把握时机善用"变通"，将自己推向人生的高峰。

割发代首，保全了曹操的脑袋

此外，适时的变通还有助于扭转劣势，化危机为转机。

三国时曹操在出征途中，下了一道命令，要求将士经过麦田时，不得践踏庄稼，否则一律斩首。一日，曹操正骑马前行，一只斑鸠突然从麦田之中飞了出来，曹操的马受到惊吓跑进麦田，踏坏了一大片正在生长的麦子。

曹操立即叫来了行军主簿，要求对自己依军法从严处置，主簿显得十分为难。曹操说:“我已经下达了禁令，然而自己却违反了，如果不作处罚的话，又如何服众呢？”说罢立即抽出随身佩剑作势自刎，左右随从急忙阻止。

这时，谋士郭春急引《春秋》“法不加于尊”为其开脱。于是曹操便顺水推舟拿起剑割下了自己一束头发，掷在地上对部下说:“割发权代首”，令命手下将头发传示三军。曹操以“割发代首”的变通之计，不仅免于落人话柄，同时也保全了自己的脑袋。

变通，一种打破僵局的勇气

相对于“变通”，执着是一种锲而不舍、顽强不屈的精神。可是，当执着过度就会变成固执。而固执者往往因坚持己见，行事一意孤行，对自己与他人容易造成难以预测的的后果。

宋朝政治改革家的王安石以固执着称，人称“拗相公”。在变法的过程当中，他听不进相反的意见，至于自己认可的就坚持到底。王安石的新法中有很多不合理与自相矛盾的地方，当时的欧阳修、司马光、苏轼等人都曾提出过一些善意的改善建议。可是，王安石不但听不进去，反而还与这些人为敌，以致变法激化了社会矛盾，最终以失败而告终。

穷则变，化险为夷契机

日本作家池田曾说：“权宜变通是成功的秘诀，一成不变是失败的伙伴。”

“变通”是一种看破赛局的智慧，也是一种打破僵局的勇气，懂得“变通”的人，不但能让大小难题迎刃而解，化险为夷，更能让自己富有弹性，以因应迎面而来的各种不同变化。

做人处世必须时时刻刻提醒自己，用敏锐的观察力与柔软的心去面对世界，人生才会显出不同的意义。如果你目前的生活或工作陷入困境，不妨学习变通，如此一来，你会更容易找到突破的方法，才能在困境中开辟出一条柳暗花明的蹊径。

读后语

做人处世如何变通

- 勿执着己见。
- 山不转、路转；路不转、人转。
- 察纳雅言，多听各方意见。
- 具备敏锐的观察力、柔软的心。

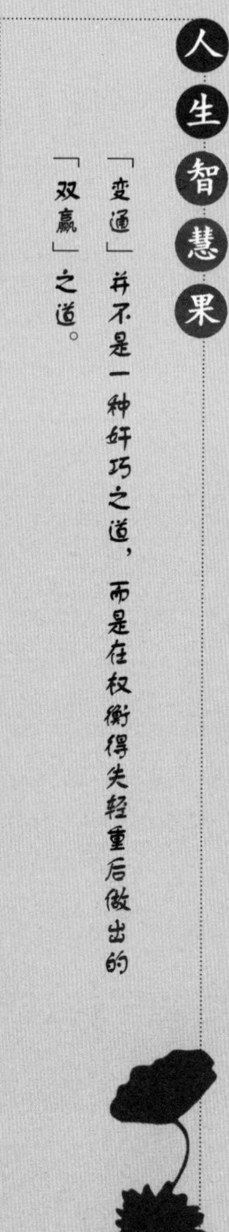

人生智慧果

「变通」并不是一种奸巧之道，而是在权衡得失轻重后做出的「双赢」之道。

愈少思考的人，说话愈多

——该说的时候说，不该说的时候不说。有智慧的人说话，是因为他们有话要说；愚笨的人说话，则是因为他们想说。

有个青年到苏格拉底门下学习演讲术。他说明自己来意以后，就滔滔不绝地讲了许多话。

苏格拉底答应收他做学生，但是要他付两倍的学费。

青年问：“为什么要收双倍学费？”

苏格拉底说：“因为我一面教你如何演讲，一面还要教你如何保持缄默。”

理发师给徒弟上的第一堂课

理发师傅带了个徒弟。徒弟学艺三个月后正式上班，他给第一位顾客理完头发，顾客照照镜子说："头发留得太长。"徒弟不语。

师傅在一旁笑着解释："头发长，使您显得含蓄，这叫藏而不露，很符合您的身份。"顾客听罢，高兴而去。

徒弟给第二位顾客理完发，顾客照照镜子说："头发剪得太短。"徒弟无语。

师傅笑着解释："头发短，使您显得有精神、朴实、厚道，让人感到亲切。"顾客听了，欣喜而去。

徒弟给第三位顾客理发后，顾客一边交钱一边笑道："没想到剪个头发要花这么久的时间。"徒弟无言。

师傅笑着解释："正是因为我们慢功出细活，才能为您提供最佳的服务。"顾客听罢，微笑而去。

晚上打烊。徒弟怯怯地问师傅："为什么处处替我说话？"师傅说道："其实任何一件事都包含着两重性，有对有错、有利有弊。但是好听的话人人爱听，有时候换个角度、换个方式说话就能皆大欢喜，又何乐而不为呢？！"

将军的秃头

德国柏林俱乐部举行盛宴，一名年轻士兵一不小心把酒洒在空战英雄乌戴特将军那光秃秃的头上。顿时，周围一片静默。大家都很担心，无礼冒犯了将军是否因此受到处罚？而将军又将如何反应？

将军用餐巾抹抹头，然后抬起头不疾不徐地对着那名吓得发抖的士兵说："老弟，你以为这种疗法对我的秃头有效吗？"全场顿时大笑。

贝尔纳的不满

法国幽默作家特里斯坦·贝尔纳有一天去一家饭店吃饭，对那里的服务态度很不满意。结账时，他对饭店的经理说："请拥抱我一下。""什么？"经理感到纳闷。"请拥抱我"贝尔纳看起来很认真。"到底是怎么回事啊？先生。"经理忍不住问道。

"永别了，以后您再也别想再见到我了。"贝尔纳说。

贝尔纳技巧地使用幽默的口吻，表达了自己心中的不满情绪。

心灵之窗

说话何难之有？相信很多人心里这么想。

人们出生从牙牙学语起，终其一生都在说话。说话不仅表达了个人的喜怒哀乐情绪，同时还成为连结人与人之间的重要沟通管道，因此说话已不再只是表达意愿的工具，说话得体者，还能让语言成为最佳的个人形象包装。

说话的重要性由此可见。说话的技巧包括了如何说，以及说什。在历史上，不乏领导人以一场打动人心的演说，一举扭转局势的例子。

动人演讲，扭转局势

一九四〇年，在野十多年的丘吉尔临危受命成为英国战时首相，领导英国展开反德国纳粹侵略的战争。在不列颠战役进入高潮阶段时，丘吉尔在英国下院发表了名为《少数人》的著名演讲，高度赞扬了英勇作战的士兵，成为鼓舞和安慰英国民众的重要支撑。

丘吉尔说："大不列颠岛上的每一个家庭，乃至全世界的每一个家庭，都将永远感激你们大无畏的付出与牺牲。"他的演讲唤起了士兵们的战斗意志，从而扭转了世界战争的局势。丘吉尔以一次动人的演讲，鼓舞了士气，成功地以寡敌众，完成一次不可能的任务，保全了无数宝贵的生命。

尼赫鲁鼓舞印度百姓

一九四七年午夜，英国在印度的殖民统治正式宣告结束。印度国大党领袖兼印度独立后第一任总理尼赫鲁，形容那一刻为国家的新生时代来临。他说："很久以前，我们和命运有个约会，现在兑现诺言的时候到了。当午夜的钟声敲响时，当全世界都进入睡眠中时，印度将为获得新生和自由而彻夜不眠。"他的一番告白，让多年来饱受英国殖民统治的印度人，从深沉的痛苦中解放出来。

曼德拉唤醒南非的民族意识

一九九四年著名的黑人运动领袖曼德拉宣誓就任南非总统，这意味着南非殖民统治和种族隔离制度的败亡。在就职演说中曼德拉指出，新南非的诞生是"正义、和平和人类尊严的胜利"，他保证要领导这个国家"走出黑暗的幽谷、建立一个'彩虹般的国家'这片美丽的国土永远、永远、永远不要再重演人们彼此压迫的惨剧，永远、永远、永远不要再蒙受为世人所唾弃的屈辱"他的演讲唤醒了南非人的民族自觉，抬起头往民主道路大步前进。

说话像开车、做菜一样，都需要学习

不论中外古今，不乏有因为一场感人的公开演讲而改写历史的事件；至于对个人而言，良好的说话沟通技巧，更有助于实现成功梦想。

《圣经》上说："一句良言，使心欢乐。"那么究竟应该如何说话？说话的态度必需温和、谦虚、真诚。爱迪生说："说话时，温和友善的妙语能使人心欢愉，那是一种比美貌更为动人的态度。”

君子相交，不出恶言，不要用语言来伤害别人，因为恶言如同利箭易放难收。有一次，林肯指责一位同僚的缺失，对方恼羞成怒，愤而向他挑战，让林肯差点就命归黄泉。从此之后，他不再任意责备别人，即使是善意的批评，也要技巧地说。

大家都知道说话的技巧很重要，但美中不足的是，很少有人注意到究竟应该如何“表达”，说话就像是开车或学计算机、做菜一样，都需要学习。

语言是思考、观察力的整体表现

伏尔泰于一七二七年访问英国，他发现英国人非常仇视法国人，一群英国人向他怒吼：“杀了他，把这个法国人吊死！”

伏尔泰说：“英国人！你们因为我是法国人而要杀我，难道因为我不是英国人而受的惩罚还不够吗？”英国人听了哈哈大笑，居然一路送他安返寓所。

要训练自己说话得体，绝非只是增加说话技巧而已。它代表你的思考、对环境的观察、对人性的掌握，以及当下的反应，是生活中一种不可或缺的能力与智慧。

女小说家阿加撒·克里斯蒂的丈夫是个考古学家。有一次，在一个集会上有个朋友问他：“像你这样富有想象力的女人，嫁给一个玩古物的人，你感觉如何？”

只见这位侦探小说家不疾不徐地说：“考古学家是最理想的丈夫，因为愈是老的东西，他愈喜欢。”

如何说话，终生学习的功课

有时候错失一次机会，往往因为一句不得体的话。

一家设计公司主管最近要应征一名首席设计师，他希望应征者除了具备基本的专业知识外，还必需拥有对工作的热忱与进取心。他用心浏览了数百封应征函后，从中挑选其中一名看起来资历不错的人。

面试时，他问应征者的第一句话是："你为什么想来本公司？"对方回答："本来我已经考虑要退休了，但是我想再试试看。"

"喔！那谢谢你，我们再联络！"因为，没有任何一个老板愿意接纳一名只想要"试试看"的员工。

当然"大家都知道，会说话不代表他会做事，"一名外商公司高阶主管坦诚，人与人之间不可能都了如指掌，尤其每个人都时时处在相对忙碌的状态下，因此实际状况往往是："60％都由说话的过程来判断。"你所说的每句话都影响他人对你的观感。

话该怎么说？是一门需要终生学习的功课。

你的舌头就像一匹快马，当它跑得太快时，会把实力都耗尽。——莎士比亚

语言，拥有自己的灵魂。人们说出口的每句说话，都会产生力量并且进一步改变未来的轨迹。

读后语

有哪些话不应该说

- ♣伤人的话。
- ♣没有根据的话。
- ♣恶意攻击的话。
- ♣谎言。
- ♣冷言冷语，嘲讽的话。
- ♣吹牛。
- ♣散播谣言，大嘴巴。

道德永远存在，至于财富却每天在换主人

——道德是一种修养，不是一种权力，所以最适合拿来约束自己。

苏格拉底喜欢到热闹的雅典市场上，去发表演说以及与人辩论问题。他和别人谈话、讨论问题时，往往喜欢采取一问一答的辩证方式。

这一天，苏格拉底像平常一样来到市场上。他一把拉住一个过路人说道：“对不起！我有一个问题弄不明白，向您请教。人人都希望做一个有道德的人，但道德究竟是什么？”

路人回答说：“忠诚老实，不欺骗别人，才是有道德的人。”

苏格拉底装作不懂的样子又问：“但为什么和敌人作战时，我军将领却千方百计地去欺骗敌人呢？”

“欺骗敌人是符合道德的，但欺骗自己人就不道德了。”苏格拉底反驳道：“但假如我方被敌军包围时，为了鼓舞士气，将领就欺骗士兵说，我们的援军已经到了，于是大家奋力突围出去，结果真的杀开一条生路，这种欺骗也不道德吗？”

路人说:“那是战争中出于无奈才这样做的，日常生活中这是不道德的。”

苏格拉底又追问:“假如你的儿子生病了，又不肯吃药，作为父亲你欺骗他说，这不是药，而是一种很好吃的东西，这也不道德吗？”

那人只好承认:“这种欺骗也符合道德。”

苏格拉底并不满足，又问道:“为什么同样是欺骗，有时候是道德的？有时候却是不道德的？究竟如何区别呢？”

那人想了想说:“不理解道德就无法成为有德的人，理解道德才能实践道德。”

苏格拉底这才满意地笑起来，拉着那个人的手说:“你真是一位了不起的哲学家。”

仗义助人的正反两面之间

孔子的学生子贡有一次到其它的国家去做生意，发现有鲁国人被卖去当奴役，便花钱把他赎了回来。

当时鲁国有一个规定，只要你在其它的国家发现有鲁国人被卖去当奴婢、做苦力，你可以拿钱把他赎回来，然后朝廷再把这笔钱还给你，藉此鼓励百姓爱护自己的同胞。

由于子贡是大商人不缺钱，所以他就跟官员说："不用了，我不拿钱。"别人都对子贡的义行都称赞不已。但是孔子知道这件事后，却骂他："你做错了，你赎回仆役却不拿钱，表面上看起来很大方，但是你有没有想过，鲁国大部分是穷人，下一次当他发现自己的国人被卖为奴隶，即使有心搭救，但却想到子贡赎人回来却不拿钱，我如果拿钱不就显得贪财了吗？可是如果不拿回赎金，那我下个月就没钱吃饭了。"

这么一犹豫，他的救人之心便会受到干扰，只要一百个人当中，其中有一个人基于这项考虑而放弃救人，便可能有人无法回家。所以这个举动眼前看是好事，但是从长远来看，却对国家非常不利。

子路抛砖引玉

因此，做事不是你喜欢怎么做就做，而是要深谋远虑、通盘考虑再去做。

孔子的另一个学生子路，有一次路过一处，刚好看到有人快溺死了，子路二话不说，立刻跳到水里，救起这个差点溺死的人。这个人事后非常感谢子路救他一命，便把他的一头牛送给子路。子路看他诚意十足，就把牛牵了回去。百姓一看这个子路帮助别人还拿了东西，好像不如子贡。

子路把牛牵回去之后，这个消息很快地传到孔老夫子的耳中，孔夫子却称赞子路："子路的义行，会让今后鲁国人更加乐意勇于救人。"

生活在这个纷乱的年代，耳边时常听到有人抱怨："住在楼上的随意将垃圾往楼下丢，不道德；走在路上，被横冲直撞的汽车吓得半死，不道德；搭公交车要下车时，人未离开车门便砰一声关闭，不道德；商人唯利是图，明明过期的食品却变相涂改有效日期，不道德；身为一校之首的校长，却与商人勾结乱拿回扣，在国小学童的营养午餐上偷斤减两，不道德；电话响起，一通通的诈骗简讯、诈骗电话恨不得骗光你口袋所剩不多的钱，不道德。"最惨的是，就连堂堂身为一国总统，也利用职务贪污，甫一卸任立刻成为阶下囚……

不禁令人要问："做人要想谨守道德分寸，真的有这么困难吗？"

有这么一则故事：有一名椅子制造商雇用一批年轻人，以手工来制造椅子。然后商人再依据每人制作出来的椅子数量，每周付款一次，但有一个条件：每一张椅子必需经过合格检验后，工人才能取得应获的工资。

这名制造商特别留意其中两名青年人——罗富士及何汉华。这两个人每周都分别做出很多好的椅子，而且很少有不合格的情形。随着时光的流转，制造商需要找一位监工。他想到了要从这两人——罗富士及何汉华之中选出一位来担任。

如果你是那名制造商，你该如何决定呢？那名制造商将所有工人召集起来，并宣布为了赶工，只要椅子造好了，不必管是否通过检验，都可论件付酬。于是，椅子的产量大增，但相对的椅子的不合格率也直线上升。

这时，制造商特别去检查罗富士及何汉华所做的椅子。结果，罗富士所做的椅子质量跟往常一样的好，但何汉华在新政策下做出来的椅子却有一半不合格。

当然，始终如一的罗富士获得了升迁的职务。

一介不取的道德良心

也许，我们不得不承认，生活在这个色彩缤纷、充满诱惑的社会上，当面对一次又一次的人性考验，欲望与贪心犹如一张交织的无形大网，处处是陷阱，要想坚守道德本分，确实不是一件容易的事。

不过，仍然有人可以办到，只要他愿意。

林肯出生在一个农民的家庭。小时候家里很穷，每天跟着父亲在西部荒原上开垦、劳动。长大后，林肯离开家乡独自一人外出谋生。他当过水手、店员、乡村邮递员、土地测量员、伐木工等。不论做什么工作，他都非常认真负责，诚实而且守信用。

他十几岁时在家乡的杂货店担任店员，有一次一个顾客多付了几分钱，他为了退还这些钱，不惜跑了十几里路奉还。还有一次，他发现少给了顾客二两茶叶，就跑了大老远把茶叶送到那人家中。

谎言，在丢掉良心的时候出现

后来林肯通过了考试当上律师，由于他精通法律，口才很好，在当地很有声望。很多人都来找他帮忙打官司。但是他的辩护有一个条件，就是当事人必须是正义的一方。许多穷人没钱付给他律师费，但是只要对方是正义的一方，即使没钱，林肯也愿意免费为其辩护。

有一次，一个很有钱的人请林肯为他辩护。林肯听了那名客户的陈述，发现那个人在诬陷好人，于是表明态度："很抱歉，我不能替你辩护。"

那个人不死心，尝试再次说服他："林肯先生，只要您能帮我打赢这场官司，您要多少酬劳都可以。"

林肯严肃地说："您的案子只要应用一点辩护技巧，就能够赢得胜诉，但那是不公平的。假如我接了您的案子，当我站在法官面前讲话的时候，我会对自己说：林肯，你在撒谎。谎话只有在丢掉良心的时候，才能大声地说出口。我不能丢掉良心，也不可能讲出谎话。所以，请您另请高明，我没有能力效劳。"

那个人听了，什么也没说，默默地离开了林肯的办公室。

道德的重量有多少

为人处世坚守道德良心，到底有多难？为了满足一时贪欲或私心便弃守道德良心，究竟要付出多少代价？

如果，你年少时因为自以为是的理由，而去伤害别人，到了年老时刻，是否感到悔不当初?

如果你被派往传染病流行地区工作，你的救援是垂死边缘病人的一线生机，不过再待下去连你的生命也备受威胁，你会救一个、算一个？还是撤守，独留罹病的人自生自灭?

如果，你的好友在急难时刻背弃、出卖了你，当事过境迁，报复的机会来临，你会怎么做?

如果，你的生命陷入谷底，在绝望和黑暗深处，你是否仍然愿意相信人性的美好与善良?

人生每一时刻都充满了各种不同的选择，在某些关键时刻，你是随波逐流？亦或是众人皆醉唯我独醒？我们或许必需承认，这真是件不容易的事。不过，想想当过了十年后，一旦事过境迁，你今日所做过的决定，届时将留下后悔？亦或是坦然？道德实质的重量与价值，此时此刻便会浮现而出。

读后语

如何检视自己的道德修养

♣错过了垃圾车的时间，不要偷偷乱倒垃圾。

♣公共场合讲手机声音，不要太大。

♣不贪非分之财。

♣不要昧着良心做事。

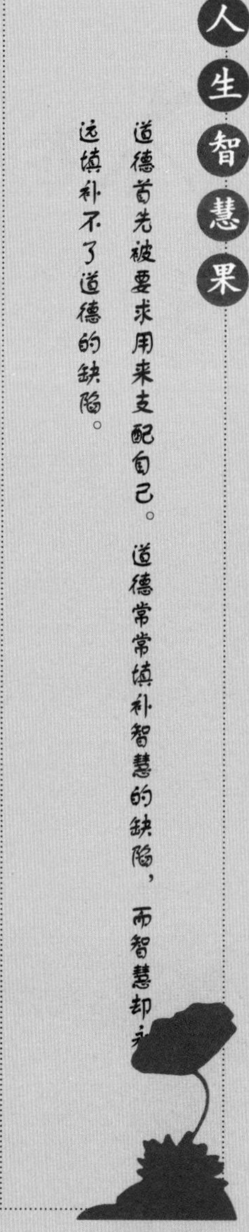

人生智慧果

道德首先被要求用来支配自己。道德常常填补智慧的缺陷，而智慧却永远填补不了道德的缺陷。

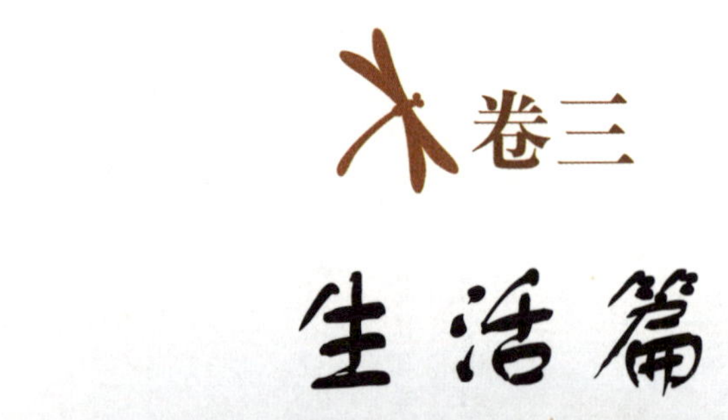

卷三

生活篇

出生贫寒的安徒生在谈到自己的人生经历时，他说："过去的种种，就像种子一样藏在我的思想中，一股清泉、一束阳光、或是一滴醇酒，就能使它们破土而出。"

如果上天没有给你显赫的身世、几辈子也用不完的家产，

那么恭喜你，因为你可以自由自在做自己，

人生之路的无限宽广就从你开始。

如果没有风，但只要有一双坚强的翅膀，就能自在飞翔，

命运负责洗牌，但是玩牌的却是自己。

快乐：换个角度想就快乐了

——如果问快乐在哪里？我想最好的回答是：「在我们的心里。」只要我们拥有一颗快乐的心，一定能乐观面对所有的困难，有信心解决一切的难关。

一群学生在到处寻找快乐，却遇到许多烦恼、忧愁和痛苦。

他们向大哲学家苏格拉底请教："老师，快乐到底在哪里？"

苏格拉底说："你们还是先帮我造一条船吧！"这群学生便暂时抛开寻找快乐的念头，找来造船的工具，花了了七七四十九天，锯倒了一棵又高又大的树，挖空树心，造出一条独木船。

当独木船下水，他们请苏格拉底上船，一边合力划桨，一边齐声唱起歌来。

苏格拉底问："孩子们，你们快乐吗？"

他们齐声回答："快乐极了！"

苏格拉底说："快乐就是这样，它常在你为了一个明确的目的，忙得无暇顾及其它的时候突然来访。"

车阵中的不同心情

这几天忙着参加一场为期一周的研讨会，每天必需从公司搭出租车赶往会场。第一天我在路边急急忙忙拦了一辆出租车。不巧，刚下了一场滂沱大雨，整个车阵形成一条长龙动弹不得，我与司机只能呆坐在车里，空气沉闷得令人窒息，沉默中还不时传来司机先生不耐的叹息声。

“真是不巧喔，又塞车了！”由于呆坐在车里很无聊，我尝试和司机说话以打开僵局。

“动不动就塞车，真不知道当初道路规画是怎么做的。”司机老大看起来明显心情欠佳。于是我尝试转移话题：“最近生意好不好？现在不景气，很多上班族担心被裁员，还是开车自由弹性些。”

“哪里好？每天工作超过十个小时，又赚不到几个钱，要不是为了养家糊口，谁愿意干这种吃力不讨好的工作。”看起来他依旧火力十足，我只得选择沉默，就这样车子一路走走停停直到终点都不再说话。

隔天，在同一地点，我再度搭上另一辆出租车。这一回，却有了全然不同的感受。甫一上车，司机立刻回头笑容满面，亲切说地：“您好，请问去哪里？”声音洪亮有活力，最重要的是，这位仁兄看起来和气多了。

于是，我的心防卸除，随意和他聊了起来。

“老板，你今天中乐透了吗？看起来心情很好喔！”

“哪有中奖？！从来也没中过奖，不过我每天都保持快乐心情。”他接着说：“一天至少八小时待在密闭的空间里工作，我学会让自己喜欢这份工作，心想着这是客人花钱让我到处玩，又能赚钱，岂不是很好吗？托客人的福，我已经到过很多地方游玩了呢。”

司机老大的一番话，顿时让我的心情也雀跃起来：原来，我的“短暂旅程”也能“造福”一位素昧平生的陌生人呢。下车前，我向他要了电话，答应下次有机会再搭他的车一起“旅行”。这时，只听见司机先生的手机响起，原来又有熟客上门预约他的车。司机先生开心地向我挥挥手，接着展开他的下一段“新旅程”。

原来，同样一份工作，同样艰难的生活，却会由于不同的心情，而附予不同的生命价值。更重要的是，只要换个角度看事情，原本平淡无奇的生活中，便处处充满了新鲜与惊喜。

换个角度，就能转换心情，这样岂不是很好？！

恬淡中的真幸福

有一位富翁非常有钱，凡能用钱能买到的他都有，可是他却不快乐。有一天富翁开车行经乡间小径，由于口渴，于是下车向一处农庄人家借水喝。

纯朴的乡下人热情地接待他，递上一杯清凉的水。当他正喝着水，这时一位已经在田里工作一天的农夫正巧荷着锄头返家，老农黝黑沧桑脸上有着汗珠滴下。

“你每天工作这么辛苦，为什么看起来精神还这么好？”富翁忍不住好奇地问。

“辛苦?!当我忙完田里的事一回到家，只要放下锄头就感到很快乐啦！”

这时，富翁豁然明白，原来快乐其实就在身边，只是你有没有静下心来去体会与感受。

心灵之窗

快乐藏起来了吗？藏在哪里？什么时候出现，没有人知道。

快乐哪里找？

沙漠中旅行的人说：快乐是一池甘甜的泉水，它为饥渴的人们带来了丝丝的清凉。

疲惫不堪的工人说：快乐是一张柔软的大床，它为辛苦工作的人提供舒适和温暖。

海上航行的水手说：快乐是一座明亮的灯塔，它为远行的人们指引方向，使游子能找到回家的路。

站在别人的立场看事情

有一位少年问智者："我怎样才能变成一个自己愉快，也能带给别人快乐的人？"

智者送给少年四句话：

"把自己当成别人，

把别人当成自己，

把别人当成别人，

把自己当成自己。”

少年依智者之言走过他的人生历程之后，也成了一位智者，他是一个愉快的人，也给每个见过他的人带来快乐。智者的四句箴言好比一帖快乐处方——当受到挫折、屈辱时，把自己当成别人，便能跳脱出烦恼，心中的不快也能减轻；当功成名就、取得荣耀时，把自己当成别人，就不至于得意忘形，让胜利冲昏了头。

把别人当成自己。与人交往，遇事设身处地为别人着想，这种事临到自己头上，我会怎么想，该怎么办？对别人多点同情心，多给点帮助。

把别人当成别人。做人不要自以为是，要学会尊重别人，任何时候都不应怠慢别人，不能强求别人怎样做，怎样做是别人的自由，你无权干涉。

把自己当成自己。任何人都有自己的独立性、个性，你就是你自己，不是别人，但有时你又是别人。

把自己当成自己时，就得承担起自己的责任；该把自己当成别人时，就得站在别人的角度看自己，设身处地为别人着想。

人生不同阶段的不同感受

一个人是否快乐取决于个人的感受，而感受又是由我们的心态来决定。

举个例子。有两个人结伴去烧香，烧完香、跟菩萨许完愿之后，遇上下雨，两人都滑倒。其中一人勃然大怒骂起来："拜这个没保佑，才拜过，香还没烧完，就跌一跤，还好没摔死！"另一人说："阿弥陀佛，菩萨保佑，跌这一跤，大事化小事，小事化无事。"

那么对你而言，又有什么是让你快乐的事呢？有的人或许认为在夏天吃一客冰淇淋是人生莫大的享受；有的人喜欢享受购物的乐趣，当提着大包小包的"战利品"回家，即使再重也不嫌累；也有人视品尝美食为人生一大乐事。

有的人把打扮得漂漂亮亮当作生活中最大的乐事，觉得自己很棒同时也享受着他人的赞美；也有人把看电视当作快乐的来源，轻轻松松坐在家里看遍喜怒哀乐，在笑骂间享受不用花大脑的乐趣。

在人生中的每个不同的阶段对快乐有着不同的追求，对一个小朋友来说，一包炸鸡、一个五彩气球，便能展现欢颜；对青少年而言，追逐偶像、收集偶像的一切为生平一大乐事；当踏入社会成为上班族，能偷个闲与好友喝杯下午茶，成为奢侈的快乐。随着年岁渐长，人们不断地在追求不同的新鲜事物，至于能让自己感到快乐的事情也不断演变。

如果你认为快乐是清早起来的新鲜空气，一顿丰盛的晚餐，一个真诚的问候，你所有的企求都可信手撷来，那么快乐就会随时来到你的身边。除了这些，应该还有许许多多的答案，口渴时的一杯水，酷热时的一阵风……只要你的内心感到快乐，而你也能享受快乐。

一个人需要培养自己的快乐能力，这远比追求财富要重要得多。

读后语

两个人同时向窗外看：一个人看到污泥，一个人看到星星。快乐是个人的选择，我们可以透过改变自己的心境来养成快乐的习惯。

如何拥有快乐

♣知足常乐

♣减少欲望

♣凡事正面思考

♣懂得惜福感恩

♣乐观向上的态度

♣积极而不着急的心情

♣遗忘痛苦的，记住高兴的事

欲望，最好的朋友，最大的敌人

——追求幸福的方法，是有限度地克制自己的欲望，而不是一味设法满足。

前面是一块金黄的麦田，饱满的麦穗在风中摇曳。

苏格拉底对他的弟子们说：“你们走进这块麦田，谁能够摘取里面最大的一株麦子，他就可以出师了。”

弟子们纷纷跑进麦田。那是多么诱人的麦地啊，每一穗沉甸甸的麦子似乎都在向他们招手。于是抓住其中一株，以为是最大的，就紧紧地抱在怀里；可是看看前面，似乎还有更大的，他们就扔掉手里的麦穗，去抓另一株；抓住一看，觉得又不是最大的，只好再扔掉，再找。

正当他们忙得焦头烂额的时候，突然听到苏格拉底严肃的声音：“停下吧，你们已经到头了！”

他们抬起头，才发现自己已经到了麦田的尽头；而手中，却空空如也。弟子们都很沮丧。

苏格拉底说：“你们为什么都两手空空呢？这块麦田里，肯定有一株麦穗是最大的，可是它在哪里呢？所有的麦穗都差不多大，我们不容易分辨出来，也就不容易找到。因此，只有抓住手里的那一株，它就是最大的，否则你将一无所有。”

弟子们这才恍然大悟。

最适合自己的十字架

一个正在祈祷的妇人祈求上帝给她换一个十字架，因为她的是个木头制的，看起来不美。上帝问她："你想要什么样子的呢？"她走来走去看见富商的黄金十字架，金光灿烂十分耀眼，于是要求拥有像富商一样的黄金十字架。

如愿以偿以后，她发现这个十字架好沉重，压得她头抬不起来又走不动。于是又祈求上帝：上帝啊！这个太重了，我能再换一个吗？上帝再次允许了。她又去寻找，发现一个由美丽玫瑰花缠绕的十字架，看起来绚丽多彩，她决定就要这个。

可是真正拥有以后，发现玫瑰花刺刺痛她的肉、刺破她的皮。她实在忍受不了再去求上帝，上帝说，再给你一次机会，去寻找一个合适的吧。

她认真的走来走去、挑挑拣拣，终于发现一个木制的小十字架，不仅轻便小巧，而且散发着微微清香，于是她决定：就是这个了。当再度见到上帝时，她说：上帝啊我选好了，就是这个不再换了。上帝说：仔细看看这就是你原来的。

其实人们不快乐的原因大多在于贪欲，当人们的贪欲大过自己的能力时，就失去了快乐，同时也被遮住了双眼，看不见自己真正需要和真正拥有的。

欲望的奴隶

古代阿拉伯国王有一天带着卫队上山打猎，被卫队打伤的一只小鹿逃到山里修道的老者跟前，卫兵追来问看见小鹿没有，老者说："不见小鹿，但见你的国王已经成为我的奴隶。”

卫兵大怒，要杀老者，正好国王赶到对老者说：“你知罪吗？”老者说：“你确实是我的奴隶。”国王问：“为什么？”老者说：“我以前给欲望当奴隶，现在修道明了是非，再不给欲望当奴隶了，而且我可以指挥欲望，所以欲望变成了我的奴隶。你是国王却充满了欲望，连一只小鹿都不放过，完全听任欲望的指挥，变成欲望的奴隶，所以你变成了我的奴隶。”国王听了恍然大悟，不再追杀小鹿，虚心接受指教，拜老者为师，把国家治理得国泰民安。

心灵之窗

八旬高龄的国画大师齐白石在造访友人时，盯着一位美丽的女子看了半天，旁人觉得十分唐突。忍不住提醒他不能这样看一个女人，齐老说："她美啊！"

八旬的老人还有激情，看来不可思议，但又值得庆幸，因为欲望有时候能够成为燃烧生命发光发热的火焰，而或许这也是齐白石的艺术始终具有生命力的缘故。

因此，拥有欲望，也不见得就是一件坏事。

人的一生，欲望常相左右。当年纪还小，希望爸妈对我好一点，做错事的时候，其实弟弟也有错，为什么总是我该背黑锅？还有，虽然我不如妹妹嘴巴甜、讨人喜欢，我可不可以也买个心爱玩具？价钱便宜一点没关系！

一旦上学后，成绩单上分数的高低，往往成为同窗之间微妙的角力战场："这一次，我的月考成绩一定要赢过方大同，这样坐在隔壁漂亮的小美就会喜欢我了。"

当进入社会，"想要的东西"变得更加包罗万象、五花八门。从薪水、车子、房子到存折里的数字，无一不是追逐的目标。

年轻的老人 VS. 年老的年轻人

当大诗人拜伦觉得自己渐渐年老，他已经开始失去欲望了，生活变得无聊，死一般的沉静。于是，拜伦准备把自己的躯体献给战争。那年夏天，他跟着军队朝希腊出发，行军途中，拜伦写信给诗人歌德，诉说他自己的苦恼。

那年，拜伦三十五岁，风华正茂，而歌德却已经七十五岁高龄了。一个年轻的生命没有生活目标，没有情人、不想结婚，更不敢谈恋爱，只能将生活寄托于一场战争。而另一个垂垂老矣的生命却正准备向一个年轻的女人求婚，他的情欲像一个年轻小伙一样旺盛。

歌德是在拜伦的鼓励下向那位只有十九岁的姑娘求婚，他对这场有着巨大的年龄差距的爱情充满了万丈激情。

不过此事却让拜伦在异国他乡更加忧伤，他说自己是年轻的老人，而歌德是年老的年轻人。

让人迷失自己的有时是欲望，有时又是没有欲望。

此起彼伏，想要的胜过需要的

欲望并不可怕，不必害怕和压抑它，关键在于是否能掌控。掌控得宜，欲望是最强有力的生命能量，能把我们引领至幸福彼岸。一旦放任它四处奔驰的结果，往往带来的痛苦远多于快乐。

你常满怀兴致去吃期待已久的大餐，食毕不仅没有满足感，甚至更为失落？总是嫌另一半陪你的时间不够多，常在爱中感到孤单？没有办法忍受别人不将你放在眼里，老是觉得自己不被喜欢？稍不顺心，就暴饮暴食，焦躁难耐？孩子不听你的话，立刻愤怒不已，斥声责骂？

追根究底，一切都是欲望在作祟。

每天早上起个大早，匆匆梳洗完毕，嘴里叼着三明治、拎个公文包出门，当费尽九牛二虎之力，挤上宛如沙丁鱼般的公交车，这时在人群的夹缝中，赫然发现对门的老王正开着宝马，悠哉地坐在宽敞的车子里呼啸而去。这时，你心想，如果我也能拥有一辆丰田汽车就好了，当然要是奔驰就更好了。

那么知足了吗？当然不。内心膨胀的欲望永远无法得到满足。从小时候开始，我们就学会了比较，只要一看见同学穿着漂亮的新衣服，回家就央求父母也买一双名牌的鞋子，只为了能够第二天在同学们的围观和羡慕声中感到满足。

孩子时有虚荣心，那是天经地义的事，可以慢慢教育。长大成人后能克制克制自己的欲望吗？在实际生活中，我们还是会为了一个个的欲望而弄得身心疲惫。

惜福感恩，自由自在

为了满足自己的欲望，人们把学生时代的单车丢弃一旁，辛苦存钱买了一辆小汽车；当拥有一辆车后，又会发现：基于稳定度、静音、舒适，安全性等问题，于是再度将目光投向名牌豪华车款。

人的一生常伴着此起彼伏的欲望，也许有时候我们该学习和自己的内心对话，在“需要”与“想要”之间，找到一个最佳平衡点。当欲望小了，我们才会拥有一颗平常心。学会宽以待人，也宽以待己，善待生活和身边美好的事物。

读后语

人生智慧果

忧郁是因为无力感，烦恼是由于欲望得不到满足。

面对欲望如何自处？

♣是需要？还是想要？

♣除去自私的欲望，就可以治好痛苦。

♣让它造就你，而不是被毁灭。

♣想清楚，它令你快乐多？还是痛苦多？然后再做出选择。

真爱无法用言语表达，行为才是忠心明证

柏拉图有一天问老师苏格拉底：什么是爱情？

苏格拉底叫他到麦田走一次，必需头也不回头地走，同时在途中要摘一棵最大最好的麦穗，但只能摘一次。

柏拉图觉得很容易，充满信心地向着麦田走出去，谁知过了半天他仍没有回去。最后，他垂头丧气出现在老师跟前诉说空手而回的原因：“很难得看见一株看似不错的，却不知是不是最好，由于只能摘一次，所以只好放弃，再看看有没有更好的，没想到已经走到尽头时，才发觉手上一棵麦穗也没有。”

这时，苏格拉底告诉他：“那就是爱情。”

所谓真爱……

他向她求婚时，只说了三个字：相信我；

她为他生下第一个女儿的时候，他对她说：辛苦了；

女儿出嫁那天，他搂着她的肩说：还有我；

他收到她病危的那天，重复地对她说：我在这；

她要走的那一刻，他亲吻她的额头轻声说：你等我。

这一生，他没有对他说过一次“我爱你”，但爱从未离开过。

幸福在哪里……

草原上有对狮子母子。小狮子问母狮子：“妈妈，幸福在哪里？”母狮子说：“幸福就在你的尾巴上。”

于是小狮子不断追着尾巴跑，但始终咬不到。

母狮子笑道：“傻瓜！幸福不是这样得到的！只要你昂首向前走，幸福就会一直跟随着你！”

失去爱情之后……

一个女孩因为失恋分手而哭泣不已。上帝出现了，慈爱地问：“你为什么这么难过？”“他离开了我。”“你还爱他吗？”女孩重重地点头。“那他还爱你吗？”女孩想了想，又忍不住哭了。上帝温柔地说：“那么该哭的人是他，你只不过是失去了一个不爱你的人，而他失去的是一个深爱他的人。”

独一无二的玫瑰

有一则寓言故事：小王子有一个小小的星球，星球上忽然绽放了一朵娇艳的玫瑰花。以前，这个星球上只有一些无名的小花，小王子从来没有见过这么美丽的花，他爱上这朵玫瑰，细心地呵护她。

那一段日子，他以为这是一朵人世间唯一的花，只有他的星球上才有，其它的地方都不存在。

然而，等他来到地球上，发现仅仅一个花园里就有五千朵完全一样的花。这时，他才知道，他有的只是一朵普通的花。

一开始这个发现，让小王子非常伤心。但最后，小王子明白，尽管世界上有无数朵玫瑰花，但他的星球上那朵，仍然是独一无二的，因为那朵玫瑰花，他浇灌过、照顾过，还倾听过她的心声，聆听过她的呢喃话语……她是他独一无二的玫瑰。

心灵之窗

莎士比亚说："女人用耳朵谈恋爱，至于男人则用眼睛谈恋爱。"

当一个女人爱上男人时，她不会主动告白说："我爱你。"而只会委婉地散发各种爱的气息，例如当一群人一起外出时，她会悄悄地靠近身旁，只为了告诉你："我的手好酸，你可以帮我提袋子吗？"这时，你忍不住纳闷地想："奇怪？刚才不是明明有位壮男自告奋勇地要帮忙，可是她却客气地拒绝了吗？"也许你并不明白，其实她只是想在你们之间搭建一座桥，试探你是否愿意走过来？

女人含蓄表达爱的讯息

虽说人与人之间，每日的嘘寒问暖只是一种礼貌性的客套，但如果当一个女人关心地问你："天冷了，你怎么穿这么少？"然后第二天，你也许发现在你的办公桌上，有一个包装精美的礼物，打开一看里面是条温暖的围巾。这个时候，你是否察觉了她对你有多一分的温暖情意？

当试过上列的方式后，也许迟钝的你还"不太有感觉"。不过当你忽然发现，不论你出现在哪里，总有一个熟悉的身影也会"适时"出现。例如当你要下班的时候，有个人会走过来微笑地对你说："今天我刚好要到某处地方，我可以顺便搭便车吗？"这时候你是否大开方便之门，也十足考验着你是否愿意打开心门，让一段新的恋情进驻？

当一个女人爱上男人，她多半不会惊天动地的向全世界宣告，而只会默默地透过各种小讯息，含蓄地传达爱的讯息。不过，一旦女人认定这个男人，她会愿意为了他安心地做个默默守候的小女人，只要她所爱的男人一通电话，女人会愿意立刻中止与好友们的聚会，匆匆赶回家打开一盏灯，静静地等候爱人归来。

男人敲锣打鼓大声说爱

至于当一个男人爱上女人，他再无法假装若无其事，他愿意花光最后一毛钱，甚至用全世界来交换（至少，在找到下一个目标前）。我国历史上最有名的故事是明朝吴三桂的“冲冠一怒为红颜”，当时由于吴三桂的爱妾陈圆圆被李自成掳走，吴三桂一怒之下打开城门引清兵入关，只为救回爱妾，不惜背负叛国罪名。

至于在西方也有个“只爱美人不爱江山”的温莎公爵，爱德华八世为英国君王，由于他身为一国之君却爱上了已有两次婚姻的辛普森夫人，而不被当时百姓所接受，最后他决定放弃王位，在法国和心仪的辛普森夫人缔结连理。

以上两段石破天惊的爱情故事，直到今日还深受世人传颂不已。不过，这可不意味着男人都是“情圣”。大部分的情况是，恋爱中的男人会让你感觉，你是他的女王、上帝，他全心全意愿意随着你的一颦一笑、喜怒哀乐旋转。

真爱如美酒，需细细品味

不过，身为女人最好必需保持高度清醒，认清眼前这一切，只是阶段性的，并不代表永恒的“履约保证”。一旦双方的关系趋于稳定后，女人会突然发现，追求期的炽热情感和稳定期的情人，二者之间简直判若两人。

一位女性朋友抱怨她相处多时的男友说:“我只是他柜子里的众多抽屉之一，总在想到时才打开来，其它大多时候只是静置一旁。”

在男人心里，“我依旧爱她，只是我也有很多其它的事必需兼顾。”之后，会有很多时间，他可能会临时打电话取消和你的约会，只为了赶赴客户或哥儿们的晚餐之约。

那么，爱情消逝了吗? 其实不然，只是身为女人的你最好必需认清一项事实:现在，此时此刻，双方的关系才回到正常轨道上。

当女人爱上男人 VS. 当男人爱上女人，两者之间的表现如此大不相同。那么爱情究竟是什么? 你该相信爱情吗? 所谓爱情，它并没有定义，或者说你可以自行定义你的爱情，因为每一段恋情都是独一无二的，真正的“爱”将会静静地隐藏在你的内心深处，只有你能细细品味。

所谓爱情

♣像火花般爆发，也像流星般流逝。

♣热恋时，凡事义无反顾；分手后，不值一提。

♣情人眼里出西施。

♣速度，不是问题；节奏，最好统一。

♣如人饮水，冷暖自知。

♣是一种牵挂，但千万别成为牵绊。

♣相爱容易相处难。

♣人生的三大悲剧：美人会老、爱情会冷、婚姻会旧。

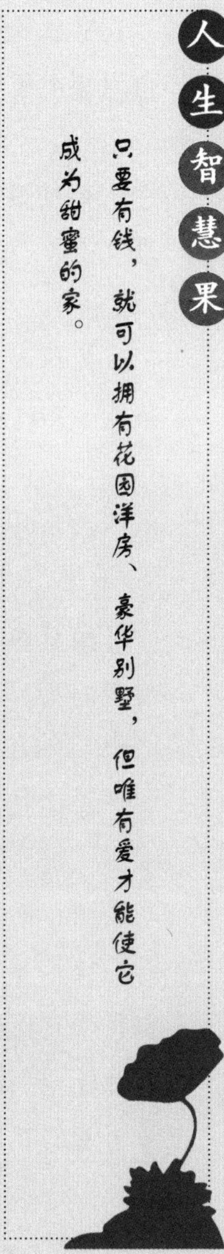

人生智慧果

只要有钱，就可以拥有花园洋房、豪华别墅，但唯有爱才能使它成为甜蜜的家。

生活：活在当下，勇敢追梦

——人生的路无需苛求。只要你迈步，路就在你的脚下延伸；只要你扬起帆，便会有八面来风。

柏拉图有一天问老师苏格拉底："什么是生活？"

苏格拉底叫他到树林走一次，可以来回走，但在途中要摘一枝最好看的花。

柏拉图充满信心地出去，过了三天三夜，他没有回来。

苏格拉底只好走进树林里去找他，最后发现柏拉图已在树林里扎营。

苏格拉底问他："你找到最好看的花了吗？"

柏拉图指着边上的一朵花说："这就是最好看的花。"

苏格拉底问："为什么不把它带出去呢？"

柏拉图回答老师："我如果把它摘下来，它马上就枯萎。即使我不摘它，它也迟早会枯。所以我趁它还盛开的时候，住在它旁边。等它凋谢的时候，再找下一朵。这已经是我找到的第二朵最好看的花。"

这时，苏格拉底告诉他："你已经懂得生活的真谛了。"

心情

一个青年来到绿洲，碰到一位老先生，年轻人问:“这里如何?”老人家反问:“你的家乡如何?”年轻人答:“糟透了!我很讨厌。”老人家接着说:“那你快走，这里同你的家乡一样糟。”

后来又来了另一个青年问同样的问题，老人家也同样反问，年轻人回答说:“我的家乡很好，我很想念家乡的人、花、事物……”老人家便说:“这里和你的家乡一样好。”

旁听者觉得诧异，问老人家为何前后说法不一致呢?老者说:“当你以欣赏的态度去看一件事，你便会看到许多优点，以批评的态度，便会看到无数的缺点。”

水煮青蛙

记得在做生物实验时，把一只青蛙放在装有沸水的杯子时，青蛙马上跳出来。但把一只青蛙放在另一个温水的杯子中，并慢慢加热至沸腾，青蛙刚开始时会很舒适地在杯中游来游去，直到它发现太热时，已失去力量跳不出来了。

人们常因为沉溺于舒适的环境中，而忽略了潜在的危险；此外习于待在安乐的环境里，也容易令人失去原有的竞争力。

给予

有个穷苦的老木匠居住在狭窄的陋巷里，终年辛苦工作，有一天他向老板抱怨：自己总是为别人盖房子，现在准备要离开了。

老板舍不得他的工人走，问他是否能帮忙再建一座房子，老木匠说可以。但是大家后来都看得出来，他的心思已经不在工作上，他用的是软料，做的是粗活。

房子建好的时候，老板把大门的钥匙递给他。

“这是你的房子，”他说：“我送给你的礼物。”

他震惊得目瞪口呆，如果早知道是在给自己建房子，他怎么会这样呢?

我们又何尝不是这样。我们总漫不经心地“建造自己的生活”，不是积极行动，而是消极应付，凡事不肯精益求精，在关键时刻未能尽最大努力。当我们惊觉自己的处境时，早已深困在自己所打造的囚牢里。

把自己当成那个木匠吧，想一想你每天的生活，就好比是在盖房子，每一天的工作都属于你生活的一部分，你每敲进去一颗钉，加上去一块板，或者竖起一面墙，都是你的每日生活。它只属于你，日子一旦过去，谁也不能抹平重建，因此即使只有一天可活，那一天也要活得优雅而高贵。

心灵之窗

你满意你现在的生活吗？不论你的答案是 Yes 或是 No，你的日子如何过，其实全部取决于你。如果你对现状满意，那么请多珍惜它。但如果不满意，千万别只是坐在那里抱怨和气恼，想一想：还有哪一些可以做调整？哪一些尚待改善？你或许期待明天会更好，不过千万别忘了：“所谓未来，是从现在开始延伸。”也就是说，当你放弃现在，也就难以期待明天会更好。

生活中的甘甜与苦涩

生活就是一个追逐梦想的过程，小时候梦想能吃到好多糖，恨不得口袋里全部装满饼干，那该有多好！过年时候外公外婆、爸爸妈妈的红包愈多愈好；学生时代考试最好能够得第一名，若能考上一流名校不仅光宗耀祖，连走路都有风；进入社会后，忙碌的工作、追求存折簿里的数字填满了全部的生活。

小时候一辆单车便能笑开怀，长大后国产汽车不够看，奔驰车才足以彰显个人身份地位；租房子的时候，最大心愿是有朝一日能买房子；一旦买了房子，又觉得亿万豪宅才是梦想之屋……

于是生活便在实现梦想以及追逐梦想中交替更迭，其中有得到、有失落，但这些外在、有形的物质，其实都还不足以真正填满你的心，最重要的是，你是否踏实筑梦，勇敢去追，实实在在地生活。

生命中前进的轨迹

因为，岁月的变化是不等人的，例如：

曾经我有温暖的家，如今才体会家的温暖。

曾经我渴望离家去远方，如今渴望从远方回家。

曾经我对爸妈大吵大嚷，如今希望爸妈再骂我一次。

曾经我讨厌考试，如今除了考试所有的问题都要面对。

曾经我在你家楼下记住了你嫣然的回眸一笑，

如今我在你家楼下看到你训斥孩子的严厉面孔。

曾经我骑着自行车，吹着愉快的口哨，走在回家的路上；

如今我开着私家车，接着不断的电话，走在应酬的路上；

曾经我们被父母和老师逼到课桌前，认真听讲；

如今我想再次听讲，却找不到课桌。

曾经我希望显露出的是成熟；如今忙着美容，希望青春永驻。

曾经我以为自己是一棵大树，如今才明白自己不过是一株小草。

曾经我唯一可以浪费的就是时间，如今除了时间什么都可以浪费。

曾经我可以说青春无悔，如今只能叹息青春不在。

所以，你想过什么样的日子，什么样的生活，完全掌握在你的手里。

就从现在开始。

读后语

如何让自己生活更充实

♣做感兴趣的事。

♣喜欢你所做的事。

♣今日事今日毕。

♣时时不忘充实自己。

♣少做白日梦，坐而言不如起而行。

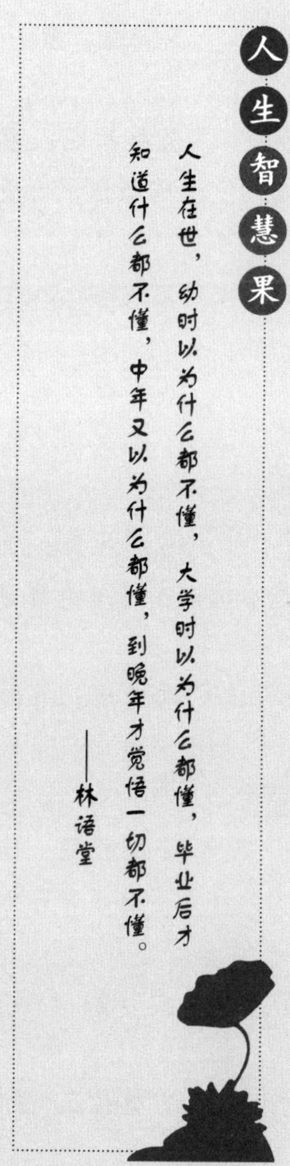

人生智慧果

人生在世，幼时以为什么都不懂，大学时以为什么都懂，毕业后才知道什么都不懂，中年又以为什么都懂，到晚年才觉悟一切都不懂。

——林语堂

恋爱使人年轻，失恋令人成长

——曾经拥有的，不要忘记。不能得到的，给予祝福。属于自己的必须珍惜。已经失去的，留作回忆。

苏格拉底：孩子，你为什么悲伤？

失恋者：我失恋了。

苏格拉底：喔，这很正常。如果，失恋了没有悲伤，恋爱大概也就没有什么意思。可是，年轻人，我怎么发现你对失恋的投入，比对恋爱的投入还要热衷呢？

失恋者：到手的葡萄却丢了，你不是当事人，又岂能了解个中滋味呢？

苏格拉底：丢了就是丢了，何不继续向前走？鲜美的葡萄还有很多。

失恋者：等待，等到海枯石烂，直到她回心转意向我走来。

苏格拉底：这一天也许永远不会到来，你最后会眼睁睁地看着她向另一个人走去。

失恋者：那我该怎么办？我真的很爱她。

苏格拉底：那你希望你所爱的人幸福吗？

失恋者：是的。

苏格拉底：如果她认为离开你是幸福的呢？

失恋者：不会的！她曾经跟我说，只有跟我在一起的时候她才感到幸福！

苏格拉底：那是曾经、是过去，她现在并不这么认为。

失恋者：这就是说，她一直在骗我？

苏格拉底：不，她一直对你很忠诚，当她爱你的时候，她和你在一起。现在她不爱你，就离你而去了。世界上再没有比这更大的忠诚，如果她不再爱你，却还装得对你很有情谊，甚至跟你结婚，生子，那才是真正的欺骗。

失恋者：那我为她所投入的感情不是白白浪费了吗？谁来补偿我？

苏格拉底：不，你的感情从来没有浪费，也不存在补偿的问题。因为在你付出感情同时，她也对你付出了感情，在你给她快乐的时候，她也给了你快乐。

失恋者：这么说，这一切倒成了我的错？

苏格拉底：是的，从一开始你就错了。如果你能给她带来幸福，她是不会从你的生活中离开的，要知道没有人会逃避幸福。

失恋者：可她连机会都不给我，你说可恶不可恶？

苏格拉底：当然可恶。好在你现在已经摆脱了这个可恶的人，你应该感到高兴，孩子。

失恋者：您真会安慰人，可惜你还是不能把我从失恋的痛苦中救出来。

苏格拉底：是的，我很遗憾自己没有这个能力。但，可以向你推荐一位有能力的朋友。

失恋者：谁？

苏格拉底：时间，时间是人最伟大的导师。我见过无数被失恋折磨得死去活来的人，时间却能帮助他们抚平心灵的创伤，并重新为他们选择了梦中情人，最后他们都享受到了原本属于自己的那份人间快乐。

失恋者：但愿我也有这一天，可是我的第一步该从哪里做起呢？

苏格拉底：去感谢那个抛弃你的人，为她祝福。

失恋者：为什么？

苏格拉底：因为她给了你份忠诚，给了你寻找幸福的新机会。

达尔文的甲虫

“范妮，正如全世界都知道的那样，她是什罗普郡以及伯明翰地区最漂亮、最丰满和迷人的人。”十九岁的达尔文在给表哥福克斯的信中，如此介绍他的初恋情人。

范妮是伍德豪斯乡绅欧文的二女儿。她只大达尔文一岁，个性热情奔放。

当达尔文刚从爱丁堡医学院退学，预备第二年年初去剑桥大学上学，中间有几个月的空当，在这段时间里，他认识了范妮。这个年轻活泼的女子激发出了达尔文一生中最大的热情。

在达尔文离家上学时，两人互寄情书。如今达尔文写给范妮的信已一封不存，很可能是范妮在嫁人时销毁的。至于范妮写给达尔文的信则还有十六封存世，其中有几封要求达尔文阅后烧毁，但达尔文却一直珍藏。

在剑桥读书时，受到表哥的影响，达尔文迷上了采集甲虫标本。此后达尔文和范妮的林中约会便多了一项活动：两人常并排趴在地上寻找甲虫。

但是到了一八二九年秋季，激情开始消失。有好几个月的时间，达尔文都没有收到范妮的来信。那年的圣诞节，达尔文留在剑桥采集甲虫，没有去拜访范妮。来年一月，范妮终于来了一封长信，抱怨达尔文对甲虫的兴趣超过了一切，只有等她抓到奇异的甲虫才会吸引达尔文的到访，并暗示有其他更合适的人在向她求婚。

达尔文对此的反应，是更加全身心地投入了甲虫采集——那是他的科学初恋，比男女之情更为牢靠。

后来范妮的父亲当面通知达尔文，范妮即将与一名牧师订婚。也就是说就在达尔文待在剑桥抓甲虫的时候，这名牧师开始追求范妮。

这个消息令达尔文心碎不已，虽然后来范妮一度回心转意，但是一切已经太迟，此后达尔文的热情只属于科学研究。直到三十岁时才和他从小熟悉的表姐爱玛结婚。

这个婚姻完全是理性选择的结果，虽然少了一点浪漫气息，但它却是个持续一生的美满婚姻。如果没有这个美满的家庭做支柱，达尔文不太可能做出那么丰硕的学术成果。

少年维特的烦恼

一七七二年大学毕业的歌德前往帝国法院的所在地威兹勒实习。他在这座小城居留了仅五个月的时光，却使他陷入一个爱情漩涡。

他在一次舞会上遇上一位法官的女儿夏绿蒂，并对她一见钟情。但这爱情一开始就注定无望，因为她是他好友凯斯特涅的未婚妻。然而对夏绿蒂无法遏止的爱却使歌德异常痛苦，最后他决定不辞而别，诀别了令他魂牵梦萦的女人。

歌德一生到底经历了多少次失恋，我们无法确记，不过与夏绿蒂分手已是第五次失恋，其中又以这次最痛苦，但他终于坚强地战胜了绝望之心。歌德从爱情燃烧的灰烬中得到了灵感和激情，写出脍炙人口的名著《少年维特之烦恼》，作品中的维特就是歌德的化身。

后来当夏绿蒂结婚时，歌德还送上礼物，祝他们幸福。

四十四年后，已是一位老祖母的夏绿蒂来到威玛，会晤已垂垂老矣并享有世界声誉的歌德，不过这次重逢只有短短几天光景。

心灵之窗

在人的一生中，爱情犹如一股清泉浇灌着生命，绽放出美丽动人的花朵，它让人笑、也令人哭。有人因爱情失色而落寞失意，但也有人因失去爱情而获得再一次重生。失去所爱的痛苦，反而激荡出朵朵高昂的生命浪花。

正如苏格拉底所说，失恋是一种放手的态度，它成全爱人去追求自己所爱；至于失恋者本身，在经过失去的痛苦后，也能从中淬炼出勇气与力量，而重新收拾起落寞心情，迎接新的人生。

当情人远走

法国大文豪罗曼罗兰说：“爱情使人生丰富，失恋使爱情升华。”当他向心爱的索菲亚求爱被拒后，内心感到挫折不已。但他认为，不能因为失恋而失去对生活的勇气和热情，失去爱情也不等于失去友谊。

日后他写下脍炙人口的不朽世界名著《约翰克利斯朵夫》。并于一九一五年获得诺贝尔文学奖，被认为是法国当代最重要的作家。

至于心爱的索菲亚，罗曼罗兰在漫长的岁月中，依然与索菲亚保持友谊，互相通信探讨人生和艺术，时间长达三十三年。

居里夫人的家庭教师之恋

居里夫人是波兰人，名叫玛丽·斯克沃多夫斯卡。在世界科学史上，玛丽居里是一个永远不朽的名字，是一生获得两次诺贝尔奖的著名科学家，是成功女性的先驱。

不过这样一个杰出的科学家，年轻时令人心碎的初恋，一度也曾令她失意落寞。当时居里夫人担任家庭教师，爱上了那家主人的大儿子卡西密尔。由于对方父母反对，英俊潇洒的卡西密尔向她宣布断交。失恋的痛苦汇聚成一股巨大的力量，推着她以无比的勇气奋斗，她终于跳出了失恋的深渊，踏上了科学大道并寻觅到知音，后来与志同道合的居里先生缔结连理，婚后夫唱妇随缔造出科学历史的一页不朽传奇。

杰克·伦敦一次痛苦的告白

杰克·伦敦，是美国二十世纪著名现实主义作家。他出身于美国旧金山的一个破产农民家庭。当杰克·伦敦对心爱的情人玛贝尔求爱，却因对方父母的反对而失败。

杰克·伦敦回到家里收拾起痛苦心情，此后埋首写作，日后发表了轰动美国的文学小说《狼的孩子》。他的作品大都带有浓厚的社会主义和个人主义色彩，因此有人认为他是宣扬社会主义的作家。杰克·伦敦一生著述颇丰，最著名的有《野性的呼唤》、《白牙》、《热爱生命》、《海狼》、《铁蹄》等小说。他是世界文学史上最早的商业作家之一，因此被誉为商业作家的先锋。

贝多芬失恋谱出命运交响曲

大音乐家贝多芬三十一岁时一心想娶心爱的琪丽，却无法如愿。两年后对方嫁给别人，贝多芬痛苦得不已，幸而从音乐中找到安慰，不久即创作出《第二交响乐》。

三十六岁时，他与丹兰士的爱情再度触礁，又是一次无情的打击！但他决心为事业奋斗，接连创作出《第七交响曲》、《第八交响曲》、《第九交响曲》而成为举世闻名的音乐家。

鼓起勇气说再见

一心向往爱情的德国文学家歌德陷入情网时，他曾这么说："你的话是我的食粮，你的气息是我的醇酒。"而一旦爱人远走，他又绝望地说："这个故事还来不及写到永远……这个重要的人却已走得好远……"

当爱情远走，正如一杯饮过的醇酒，虽酒已喝尽但醇味依旧留存，只是他（或她）如今已在另一个角落品享另一杯芳醇美酒，何妨鼓起勇气说再见！属于你的太阳明早依旧高高升起，幸福依旧可期。

人生智慧果

谈恋爱时，不要总是计较自己付出的部分，分手以后，不要老是看到自己失去了什么。

用什么态度面对爱人远走？

♣ 祝福所爱。

♣ 珍惜曾经拥有。

♣ 放手，成全另一段美好。

♣ 痛哭一场、大睡一场，然后重新再来。

♣ 相信下一个男人（女人）会更好。

关于伴侣：不是最好的，而是最适合你的

——所谓理想伴侣，不是恋爱时发誓非你不嫁，非你不娶的那个人，而是发现你身上有许多缺点，仍然愿意和你在一起的那个人。

古希腊哲学大师苏格拉底的三个弟子曾求教老师，怎样才能找到理想的伴侣。苏格拉底没有直接回答，却要求他们走一趟麦田埂，只许前进，而且只给一次机会，选择摘一枝最好最大的麦穗。

第一个弟子走几步看见一枝又大又漂亮的麦穗，高兴地摘下了。但他继续前进时，发现前面有许多比他摘的那枝大，只得遗憾地走完了全程。

第二个弟子吸取了教训，每当他要摘时，总是提醒自己，后面还有更好的。当他快到终点时才发现，机会全错过了。

第三个弟子吸取了前两位的教训，当他走到三分之一时，即分出大、中、小三类，再走三分之一时验证是否正确，等到最后三分之一时，他选择了属于大类中的一枝美丽的麦穗。

虽说，这不一定是最大最美的那一枝，但他满意地走完了全程。

爱，需要等待

一个男生爱上一个女生，但是女孩子不爱这个男孩子。男人很郁闷，准备去找上帝问问如何才能得到女人的爱情。他上路了，一路上只想怎么好好爱她。走着走着，天堂到了，他很高兴，因为只要敲开天堂的门，就可以见到上帝：询问如何才能赢得爱人的心。

于是他努力地敲门，但是怎么敲都没人开门，他很生气，但是心想为了自己所爱的人，还是继续敲吧！但是敲了一整年，门都不开。最后男生终于失望地离开了天堂！

这时，上帝将门打开了。感叹道："哎，孩子，你再多敲一下，我就会开门啊。"

爱情，同样需要等待。

心灵之窗

柏拉图说伴侣是我们遗失的另一半，因此对伴侣的选择必须格外慎重。苏格拉底的第一个弟子在还没有走完全程时，就轻率地做出选择，遗憾是必然的；第二个过于谨慎，不知满足，所以直到最后他也没有寻觅到满意的；只有最后一个弟子，他既不感情用事，也不轻率随性，而是经过理性的思考和比较，选出了令他最满意的麦穗。

选择伴侣就像是买鞋，人人都说好看的鞋，不一定合你的脚，而合不合脚只有你自己才最清楚。

众里寻他千百度

所谓理想伴侣，不只局限于夫妻关系，任何包括同性伙伴、未婚男女朋友等都是一种伴侣关系。大部分对伴侣的不满意，是把一切个人期望，都寄托在对方身上，但没有任何一个人可以成功地满足我们的全部需要。

我们都对自己的“另一半”充满想象与期盼，然而，要找到理想的伴侣可不是件容易的事，大多数的人终生寻寻觅觅，总在心中呼喊：他（她）究竟在哪里啊？

当我们尚未找到终身伴侣之前，多少都有些失败或令人遗憾的感情经验：有些人带着这些旧情伤进入新的感情，在感情世界中载沉载浮。也有人跟不合适的对象交往多时，身心俱疲。不少人明明很努力寻找伴侣，却连稍有可能的对象都遇不到，只得苦苦思索问题到底在哪里。

二十八万五千分之一的幸运儿

也有人终于找到理想伴侣，但对于进入婚姻所需的性格与准备却一无所知，懵懵懂懂地踏入了挑战性极高的婚姻生活；还有些人已经结束了一段婚姻，但仍勇敢迈向新的感情。

人与人之间的火花，原来可以擦出千变万化，例如：遇到适合的人，但是时机不对；遇到不适合的人，但是时机对；遇到不适合的人，时机也不对。尽管如此，然而在不同的时空、不同的文化，人们仍将继续以各种方式追求理想伴侣。当然，最理想的状态是在正确的时间、正确的地点，遇到了正确的人。既不会太早，也不会太晚，只是刚好你也在这里。

英国一个经济学老师巴库斯算出了找到理想伴侣的机率。他说，能找到适合自己的人的机会微乎其微，只有二十八万五千分之一。巴库斯说，即使他每天晚上出去碰运气，但要在伦敦街头找到适合自己的人，机会也只有二十八万五千分之一。他说，算出机率来以后心情好多了。因为，结果证明他没有女友是因为机会太少，不是他本身的问题。浩瀚人海中，你找到理想伴侣了吗？在抱怨之前，何妨也想一想，你是否能成为别人的理想伴侣？

读后语

关于人生

♣曾经拥有的不要忘记；已经得到的更加珍惜；

♣属于自己的不要放弃；想要得到的一定要努力；

♣苦了才懂得满足；痛了才享受生活；伤了才明白坚强；

♣总有起风的清晨；总有绚烂的黄昏；总有流星的夜晚。

♣把握现在，畅意人生！

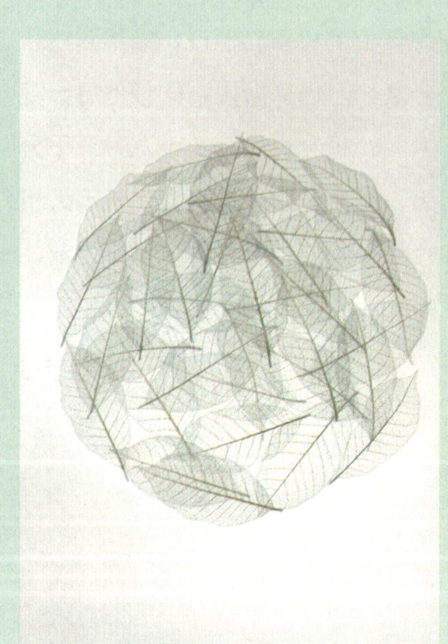

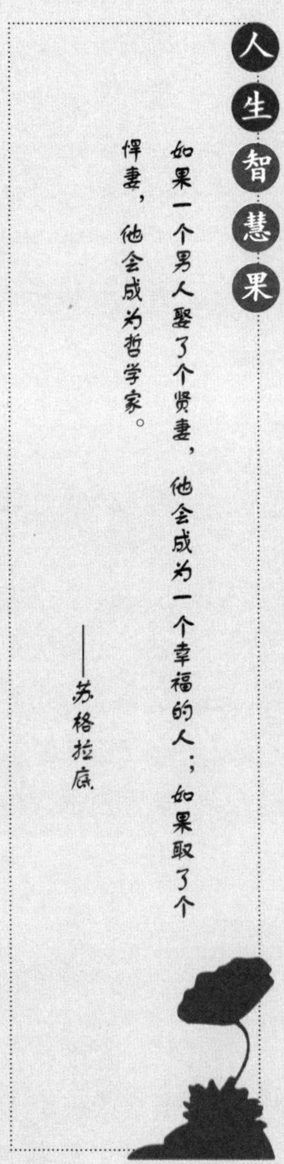

人生智慧果

如果一个男人娶了个贤妻，他会成为一个幸福的人；如果取了个悍妻，他会成为哲学家。

——苏格拉底

烦恼是别人带来的，快乐是自己找的

——从一个人做事的态度，可以了解他一部分的个性；从他面对逆境的态度，却可以把人看得一清二楚。

苏格拉底还未结婚时，原来和几个朋友一起，住在一间只有七八平方米的房间里，他一天到晚总是笑口常开。

有人问他："那么多人挤在一起，连转个身都困难，为什么你总是看起来很快乐的样子？"

苏格拉底说："朋友们在一块儿，随时都可以交换思想，交流感情，这难道不是件值得高兴的事吗？"

过了一段日子，朋友们一个个成了家，先后搬了出去。

屋子里只剩下了苏格拉底一个人。每天，他仍然很快乐。

那人又问："你一个人孤孤单单，有什么好高兴的？"

苏格拉底说："我有这么多书，一本书就是一个老师。和这么多老师在一起，时时刻刻都可以向它们请教，这怎不令人高兴呢。"

几年后，苏格拉底成了家，搬进了一座大楼里。这座大楼有七层，他的家在最底层。底层在这座楼里是最差的，既嘈杂、不安全，又不卫生，住在楼上的人老是向下面泼污水、丢死老鼠、破鞋子、臭袜子和杂七杂八的脏东西，别人见他还是一副喜气洋洋的样子，好奇地问：“你住这样的房子里，也感到高兴吗？”

“是呀！”苏格拉底说，你不知道住一楼有多少好处！例如，进门就是家，不用爬很高的楼梯；搬东西方便，不必费劲；朋友来访容易，用不着一层楼一层楼敲门……特别让我满意的是，可以在空地上种菜种花，这些乐趣外人又如何能够了解呢。

过了一年，苏格拉底把一楼的房子让给了一位朋友，这位朋友家有一个偏瘫的老人，上下楼很不方便。于是，他搬到了楼房的最高层——第七楼，每天，他仍是快乐无比。人们揶揄地问：“先生，住七楼也有许多好处吧！”

苏格拉底说：“是啊，好处多着哩！例如：每天上下楼层，这是很好的锻炼机会，有利于身体健康；光线好，看书写文章不伤眼睛；没有人在楼顶干扰，白天黑夜都非常安静。”

后来，那人遇到苏格拉底的学生柏拉图，问道：“你的老师总是笑口常开，可是我却感觉他所身处的环境并不理想啊？！”

柏拉图说：“决定一个人心情的，不是在于环境，而在于心境。”

无言真诚的礼物

有一天，俄国作家屠格涅夫在路上走，一个穷人上前求他说：“我肚子饿了，请你给我一点钱好买面包吃。”屠格涅夫回答说：“好！”就伸手到衣袋里去摸，可是袋里空无一物，连一条手帕也没有。

于是他握着乞丐的手语带抱歉地说：“我的弟兄呀，我什么也没没有，真对不起，不能给你什么。”这名乞丐说：“你叫我弟兄，又和我握手，这也是礼物。”

心灵之窗

穷困潦倒街头的乞丐，三餐都无以为继，不过当有人伸出温暖的手，却能照亮其黑暗的生命而倍感温馨。

生活就像五味瓶，酸甜苦辣咸样样俱全——不会永远快乐，也不会永远痛苦。因此，何妨在幸福的时候体验幸福，在痛苦的时候品味痛苦，如果能够坦然面对逆境，生活将会变得轻松一些。

导演魏德圣在执导《赛德克・巴莱》期间，迭遭资金断炊局面，有好几次甚至眼看就要开天窗、无以为继。在最艰难时刻，他勉励自己："把困难想小，才能前进。"终于，他以本片荣获金马奖——最佳剧情片荣衔。

改变心情，活出自己

人生不如意十之八九，也许你无力扭转、改变不利于你的大环境，但你可以改变自己的心情。当换个角度看事情，也许将豁然开朗："其实事情不如自己所想的那么严重！"一旦转换心情，原先令你窒碍难行的困难，将不再捆绑你，而你也能重新走出一条全新道路。

曾听过这么一个故事：

火车上，坐着一对夫妻。先生彬彬有礼，而太太却一路上不停地抱怨：不是嫌座位拥挤，就是嫌路途遥远，不然就叨念车上的服务小姐态度不好，好像没有一件事让她觉得满意。不过先生却礼貌地跟邻座的人打招呼。

当别人问他们从事何种职业时，先生说："我是工程师，我太太是制造业。"

别人好奇地问："尊夫人制造什么产品？"先生笑着回答："她专门制造不愉快！"

我们每天早上醒来，就只有两个选择：希望这一天过得快乐还是不快乐。其实这只是一种心境，是否能拥有快乐充实的一天？决定权在于你自己。

快乐，从我开始

洞庭湖每到冬季就干涸，大部分的鱼虾都被渔夫打捞走。可是在湖里有一种鱼叫泥鱼，却有独特的求生本领

每逢冬天，泥鱼就将全身滚进湿泥里，然后口衔泥水、静止不动。渔人乍见，总把泥鱼误以为泥巴，让它幸运地逃过一劫。

等到来年春暖水来，泥鱼就洗尽身上的泥巴，快乐地游入水底。连像这么微小的泥鱼，都知道要顺应环境求生存，身为万物之灵的我们，又怎能受挫于逆境，而一蹶不振呢！

记住：烦恼是别人带来的，至于快乐则是自己找的！

人生智慧果

顺境、逆境都是恩人；不要灰心，往往打得开锁的总是你试的最后一把钥匙。

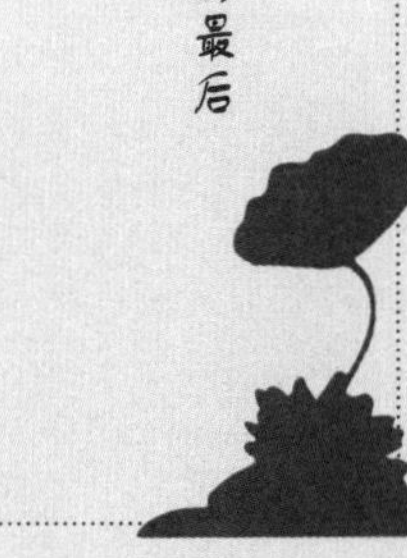

如何面对逆境

- ♣把困难想小，才能前进。
- ♣转换心情。
- ♣勇敢面对，不逃避。
- ♣处理它、放下它。
- ♣始终如一的乐观正面态度。

我们不能驾驭生死，但能耕种自己的生活

——生命顺流而下，生活逆水行舟；我们不能阻止死神的召唤，却可以拓展生命力。

苏格拉底坐牢时，听见隔壁牢房里有个新来的犯人在哼歌，那是一首新歌，他以前从未听过。

苏格拉底急忙请求唱歌的狱友教他那首新歌。

监牢里的人都知道苏格拉底是死囚，行刑日期迫近。

听了他的请求，唱歌的囚犯很吃惊："您不知道自己马上就要被处决了吗？"

"我当然知道。"苏格拉底轻松地回答。

"那您为什么还要学新歌呢？"狱友不解地问。

这位伟人回答说："这样我死的时候就多会一首歌。"

老禅师豁达生死

以前，在日本有一位桃水禅师，他曾在许多寺庙修行多年，也在日本各地教过无数的徒弟。在他主持的一个大寺庙中，有些僧人因为不能忍受修行的艰辛，往往半途而废，然而，继续慕名而来的信徒也越来越多。

有一天，禅师突然向信徒们告别，便不知去向。

三年后，他原来的一位门徒，在京都的一座桥下发现了与乞丐生活在一起的桃水禅师，这位门徒恳求桃水继续教他怎样修行。

桃水禅师说："你如果能像我一样在这里过上两三天的时间，我也许可以教你。"于是，这个门徒就打扮成乞丐的模样，与桃水共度了一天的乞丐生活。第二天，乞丐群中死了一人，桃水禅师就伙同门徒在午夜时分，把尸体搬到山里埋了。事毕，桃水禅师回到桥下倒身便睡，一觉到天亮，但是他的门徒却始终不能入眠。

天亮之后，桃水对门徒说："我们今天不必出去乞食了，死了的那个同伴还剩下一些食物在这儿。"然而，那个门徒拿着那个乞丐留下的食物，却一口也无法下咽。桃水禅师说："我早就知道你不能看淡生死，这样你是无法继续跟我修行的。"

门徒听后低头无言。桃水禅师挥挥手说："你走吧，不要来烦我了。"那门徒遂向桃水拜别，黯然而去。

对桃水而言，死亡不过是一种自然规律，就如同日出日落一般每天循环不息。

身为修行人如果连生死都参不透，又如何能超脱人世间的诸多烦恼呢?

庄子鼓盆而歌

庄子的太太死的时候，他的朋友惠子跑来吊丧，却见庄子蹲坐在那里，敲着盆子唱歌，丝毫没有一点悲伤的样子。于是气愤地责备他，惠子说:“你的太太跟你一起生活，为你生了孩子，有这么多年的感情，如今她一死，不哭也罢了，居然敲着瓦盆唱起歌来，这岂不是太超出常理了?”

庄子答说:“当她刚死的时候，起初我也不免伤心，可是仔细一想，生死的变化和春夏秋冬四季的运行道理相同，只是顺着自然之理。如今她正静静地安息在天地之间，而我却哭哭啼啼。人的生老病死就如同四季的运行，既不可抗拒，也不可改变，只能顺天安命，接受现实。想到这里我才停止哭泣啊!”

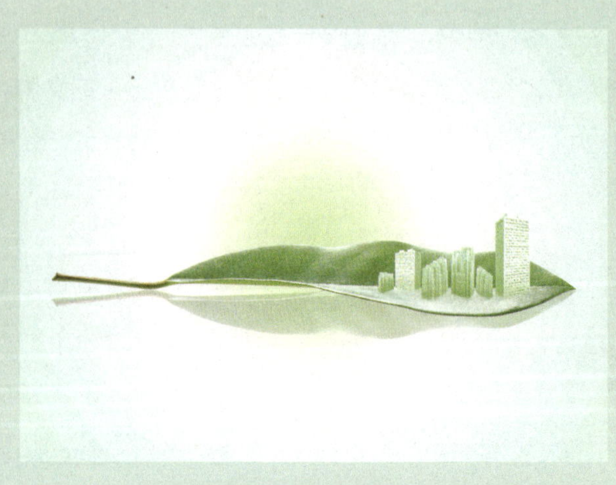

心灵之窗

我们都以为自己拥有生命的主控权，然而，生命却是照着自己既定的轨迹，不停地往前走——从出生、成长、年老，到死亡。

人从一出生开始，便仿佛搭上一部生命列车，不论你是街头小贩、市井小民或是权倾一时的帝王、富可敌国的财团企业家，任何人的生命都有到站的时候。

生命之旅很可能会在每个人不注意的时候，悄然到站。既然上车、下车本属生命的自然规律，如何善度此生，也是一件生而为人的责任与义务。那么我们是否应在每日匆匆忙忙的生活中，偶而停下脚步，好好想一想：如何善用有限生命，让它活得更有价值？活得更快乐自在？

死亡也是生命的一部分

我们没有办法驾驭生死，但能够耕种自己的生活，让生命活出光彩；我们不能阻止死神召唤，却可以拓展生命力。好好活，慢慢老，安详走。

接近死亡，可以带来真正的觉醒和生命观的改变。有一则故事：当佛陀在世的时候，有次曾经问随行的弟子说："你们知不知道，人生究竟有多长？"弟子回答："五十年。"佛陀说："不对。"其他的弟子陆续说出"四十年"、"三十年"、"二十年"等答案，但佛陀总是摇着头。

最后有位弟子请示佛陀说：“人生是不是只在一个呼吸间。”这时，佛陀才微笑点头。一片叶子落下来，因为它是自然的一部分。

就像叶子落下了，但树仍然挺直；当树倒下的那天，生命依旧持续。春天的时候，在掉光树叶的枯枝上，又重新发出嫩芽，其实生命一直都在，只是旧的离开、新的开始。

读后语

人生智慧果

生命就像一个山坡。眼望着坡顶往上爬，心里觉得很高兴。不过当登上峰顶，马上就会发现，下坡路就在眼前；当路走至尽头，意味着接近死亡。人生上坡很慢，但下坡却很快。

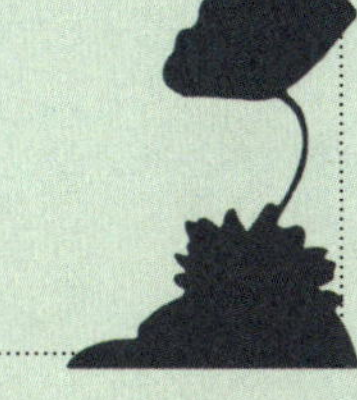

如何活出自己

- ♣认真过每一天
- ♣接纳自己
- ♣凡事用心
- ♣凡事知足
- ♣凡事感恩
- ♣凡事付出
- ♣珍惜所爱

只有你，能活出真正的自己

——你的时间有限，所以不要为别人而活。不要被教条所限，不要活在别人的观念里。不要让别人的意见，左右自己内心的声音。最重要的是，勇敢地去追随自己的心灵和直觉，至于其它一切都是次要。

苏格拉底既仁慈又聪明，可是他却敢于冒犯掌权者，

所以当时的权贵把他拘禁起来，最后甚至判他死刑。

苏格拉底接到了这死刑宣告，只是一笑置之。

人们说："你该准备接受死刑。"

他摇摇头，还是笑着说："我一生都在准备有一天会死。"

人们问："你是怎么准备的？"

苏格拉底处之泰然地说："无论是大众面前或是私底下，我从未做过一件对不起人的事，这一生我无愧于心，依照自己所思所想过日子。"

小和尚的人生路

有位老和尚带着小和尚出门云游四海，老和尚逍遥地走在前面，小和尚背着行李紧跟在后，两人相互照应，彼此为伴。

小和尚边走边想："人生只有短短几十年，却必须历经生老病死之苦。因此既然要修行，就要立志救众生，所以我不能懈怠，要赶快努力才行！"

不过这时老和尚突然停住脚步，对小和尚说："来！包袱让我背，你走我前面。"小和尚虽然感到莫名其妙，但还是听从指示，放下包袱走在前面。

小和尚觉得这样走在前面真是逍遥自在啊！转念想到佛经里说，菩萨必须顺应众生的需要而行布施，心想："这真是太辛苦了！天下众生的苦难这么多，何时才布施得完呢？不如独善其身，过这种逍遥的日子吧。"

这念头一起，马上又听到老和尚严肃地对他说："你停下来，包袱背好，跟在我后面走！"小和尚一惊，心中不免怨叹："做人真苦！刚才那么开心，一下子就沉到谷底，人的心性真是不定啊！"

没想到一路上老和尚一会儿叫他走在前、一回儿又叫他走在后，小和尚不明白老和尚的用意，于是内心所思所想也随着上上下下起伏不定。只见老和尚忽然回头训斥道："人生路必需努力生活，一心一意向前看，你这样进进退退，什么时候才能找到真正的方向?！"小和尚这才领悟，不论向前走或向后走，内心均坚定如一，不再摇摆不定。

心灵之窗

苹果计算机创办人乔布斯说：“如果你把每一天都当成你生命里的最后一天，你将会发现原来一切皆在掌握之中。”

事实上，乔布斯利用生命中的“最后余光”，创造并催生了改变人类计算机使用的最新科技— iPad 及 iPhone。

在确定罹癌以后，乔布斯表示：“我每天早晨都对着镜子问自己，如果今天是我生命中的末日，我还愿意做我今天本来应该做的事情吗？当一连好多天答案都否定的时候，我就知道做出改变的时候到了。”

提醒自己行将入土是乔布斯在面临人生中的重大抉择时，最为重要的审查工具。

充实的生命之旅

其实打从人一出生，死亡就跟着我们了，死亡随时在我们身边，该如何面对呢？要想着自己有永远的过去，也有永远的未来，这是接受死亡最好的心理准备。

我们都以为自己拥有生命的主控权，然而，生命却是照着自己既定的轨迹不停地往前走——从出生、成长、年老，到死亡。

生命之旅很可能会在每个人不注意的时候，悄然到站。若要避免虚度此生，就必须在匆匆忙忙的例行生活中，偶尔停下脚步，好好地想一想：如何善用生命，让它活得快乐自在，活得更有价值？

至于生死问题，何不学习英国首相丘吉尔的豁然大度：“当酒吧关门时，我就走人。”

读后语

如何善用生命

♣以乐观积极态度面对。

♣做你喜欢做的事，喜欢你所做的事。

♣知足惜福，珍惜每一天。

♣面对逆境能处之泰然，正面看待。

♣不要轻易对阻碍困难认输。

你是否已经厌倦了为别人而活？不要犹豫，这是你的生活，你拥有绝对的自主权来决定如何生活，不要被其他人的所作所为所束缚。给自己一个培养自己创造力的机会，不要害怕，不要担心。过自己选择的生活，做自己的主人。

图书在版编目（C I P）数据

一生受用的苏格拉底做人、做事、生活智慧 / 沈榆著. --
武汉 : 长江文艺出版社, 2013.10（2022.1重印）

ISBN 978-7-5354-6461-3

Ⅰ. ①一… Ⅱ. ①沈… Ⅲ. ①苏格拉底（前 469-前 399 年）－人生哲学－通俗读物
Ⅳ. ①B502.231-49

中国版本图书馆 CIP 数据核字(2013)第 044247 号

责任编辑：高　娟　　　　责任校对：毛　娟
封面设计：壹诺设计　　　　责任印制：邱　莉　胡丽平

出版：长江出版传媒 | 长江文艺出版社
地址：武汉市雄楚大街 268 号　　邮编：430070
发行：长江文艺出版社
电话：027—87679360
http://www.cjlap.com
印刷：三河市百盛印装有限公司

开本：720 毫米×1000 毫米　1/16　印张：14.5
版次：2013 年 10 月第 1 版　　2022 年 1 月第 2 次印刷

定价：58.00 元
